爛情人也會變A咖

A+ Advice to Your Relationship.

看破情人手腳，對付愛到卡慘死的
20種惡魔系戀人調教術！

兩性犀利教主
莊媛婷／著

A Good
Woman,
A Better Man.

自序／

我受夠了！那些讓你抓狂的爛情人。

有一首歌是這樣唱的：「十個男人，七個傻，八個呆，九個壞……」

你是否對這句歌詞深感認同，並哀嘆你找到的男人正是既傻又呆？你滿意身邊的情人嗎？還是他有種種令人抓狂且屢勸不聽的缺點，讓你不禁大嘆鬼遮眼，怎麼會愛上這種男人？但又捨不得離開他、不知如何改變現狀，只好把頭埋進沙堆，假裝一切都很好。

改變自己總比改變別人快一些。愛上爛情人，其實是從裡到外淬鍊一個女人的好機會，因為你「總是愛上錯的人」的原因不在別人的身上，而出自於你內心的缺憾，所以才會像磁鐵般不斷地吸引不適合的那一人。因此，我將從幫助你反省自我開始，探究你為什麼總是與八字相剋的爛情人糾纏，並提供你修復內心創傷的方法，矯正不切實際的愛情觀，並設定適合你的擇偶條件。也就是——助你踏出感情的迷障。此時，就算你尚未遇到真命天子，也已經變成更好的女人，將能吸引更好的對象。

然而，若是你已經完備自己，卻還是遇到爛情人呢？期待下個男人會更好嗎？

其實，每個人都有獨特的性格和盲點，真得爛到會打人、要求女人墮胎、向女人拿錢、殺人放火的情人少之又少，但未經雕琢的璞玉男卻很多，這些男人只需稍加引導，就可以包君滿意。所以你需要的不是分手，更非一味的忍耐包容，你需要的是維繫感情的小技巧跟溝通的智慧。平凡的女人愛了再愛，期待心目中的Mr.Right在下一個轉角憑空掉下，聰明的女人懂得花心思將看起來不怎樣的爛情人打造成人人搶著要的A咖。

因此我不是高調提倡女人當自強、踢開爛男人，而是點出現實生活裡常遇到的「二十種令人抓狂的爛情人」，幫助你對症下藥，讓你跟情人一起成長，不必另尋良人也可以擁有理想的戀情。

最後，不管是父母反對、小三出現、彼此互不理解，愛情裡總會出現各種破壞感情的因子，引發情人的劣根性，搖身一變為令人難以忍受的爛情人。〈挽救隱性爛情人〉就是為了協助你面對這些不穩定的感情因子，安全度過種種考驗，抵達幸福的彼岸。

如果你只是想要知道男人有多爛多壞、女人有多委屈可憐，如果你只是希望有人可以安撫你在愛情裡受創的心，不好意思，讓你失望了。我不是謾罵男人讓你出氣，也不會堆砌一些華美的詞藻，與你分享愛情當中的喜怒哀樂。這是一本實用的書，協助你誠實地面對自己，並了解二十種缺陷情人，進而抓住和他們溝通的訣竅，永保戀情幸福無虞。

行動吧，就從現在開始！

給令你不滿意的情人一次機會，也給你自己一次機會。翻開這本書，重新認識自己，用另一種態度、另一種角度去看待情人和你的關係，讓你的戀情起死回生。

媛婷♡

自序／我受夠了！那些讓你抓狂的爛情人。……003

Part 1
告別Mr. Wrong

為什麼你總是遇上爛情人……010
天助自助，即刻檢視你是否罹患鬼遮眼卻不自知……022
聰明選擇「對的人」……031
打破愛情迷思，原來你的戀情比想像得更美……041

Part 2
顯性爛情人：現實派

精打細算的小氣鬼……050
老愛比較的討厭鬼……059
沒安打就想盜壘的猴急哥……067
愛問「你會不會娶我」的結婚狂……076

Part 3 顯性爛情人：愛面族

不住在地球上的文青外星人……086
一點都不完美的完美精神症候群……094
遠古化石時代的沙豬……102
卯起來和異性作對的偽平權主義者……110

Part 4 顯性爛情人：假嬰兒

媽媽最大的乖寶寶……118
從不積極主動的草食男……126
全身上下只剩才藝的才子……136
撒嬌、撒野不分的大小姐……145

Part 5 顯性爛情人：戲劇天王

每天垂淚到天明的悲劇奇才……154
講話不懂得拐彎的直爽漢子……163
一秒臉就垮下來的暴躁男……171

超級自戀的大老闆……180

Part 6 顯性爛情人：白目炎

老是在想當初的念舊王……190
奪命連環 call 的醋罈子……200
食之無味的雞肋情人……210
受到異性擁戴的萬人迷……219

Part 7 挽救隱性爛情人

當父母始終無法認同這段感情……230
當感情中疑似出現小三、小王……237
再愛一次，可以嗎？……246
其實你一點都不了解我……255
該許下的承諾呢？……263
後記／做自己的愛情後衛，進可攻，退可守。……270

Part 1

告別 MR.Wrong

離開一段感情絕不容易，

因為人都有慣性思維和盲點，

我們需要有意識地剔除這些破壞幸福的因子，

現在就開始為自己的心房大掃除，

向過往的創傷說聲bye bye，

迎向燦爛的新生。

為什麼你總是遇上爛情人

「為什麼我總是愛上錯的人？」

你不停地在愛情中鬼打牆，為同樣的原因分手，卻再度愛上同類型的對象，一次又一次地譜出慘不忍睹的失敗戀曲。為什麼Mr.Right遲遲不肯出現？難道天底下的好男人全死光了嗎？

當你心中浮現這些疑問時，你要知道，或許癥結並非全在他人。總是愛錯人的你可以主動做一些改變，說不定你就會發現之前的失戀是一堂課，為得是加速Mr.Right的報到。

所以身陷其中的你是否做好準備，在老天爺給你的課程裡成長、突破盲點呢？還是仍然認為千錯萬錯都是別人的錯，自己好無辜、好可憐？

從現在開始，好好梳理自己的心境吧！唯有從頭審視自己的愛情觀和內心深處，才可以得知MR.Wrong頻頻出現的原因。

源自家庭的心靈創傷

原生家庭，是培育一個人性格和感情態度的最初場所，從這裡著手，你或許可以找到自己屢戰屢敗的問題所在。

但是請你別一聽到「原生家庭」這個關鍵字，就急著把責任推到父母親的身上，畢竟每個人都是生了孩子之後才開始學習當家長，你的成長並不完全是父母親的責任，你也必須為自己負責才行。換句話說，正視童年的傷痛並且擺脫父母親的陰影是你無可避免的人生習題，而在解題的過程裡，藉由靜下心觀察父母之間的互動，你將能看清自己的愛情盲點，停止不斷地複製悲劇。

1. 父母也會傷人——高壓型父母

天下無不是的父母，鮮少有父母不愛自己的孩子，但有時因為他們自己兒時就沒有受到良好的對待，或是育兒知識有限，或是為生活奔忙之餘沒有精力照顧孩子，所以無形中造成孩子的心靈創傷。然而被父母傷害並不是怨恨父母的理由，也不是放棄自己的藉口，你要自己療癒傷口，和自己，甚至和父母和解。

這類型的父母會習慣性地壓抑小孩的需求，並用高壓的方式挫傷孩子的自尊，他們以為不斷地批評、辱罵甚至體罰就是「家教嚴格」的象徵，導致小孩缺乏溫暖、缺乏愛。

所以這些孩子習於配合別人，非常渴求被愛，但又下意識地重複童年時的痛苦經歷，尋找一個不能回應自己的對象，因為對他們來說，付出無回報已經是習以為常的事情。就算他們很幸運地找到一個懂得愛和回饋的對象，也會被自己疑神疑鬼的態度弄得神經緊張，戀情終將以失敗告終。

2. 父母也會傷人——溺愛型父母

也有許多人是在風氣過度自由的家庭出生。確實，適度的自由有助於孩子的獨立思考，但過度的自由則會使他們習慣忽略他人的感受，若父母一味地順從並對他們有求必應，甚至在孩子犯了錯之後，將原因歸咎於他人以安慰孩子，（例如孩子摔倒後，父母將之抱起並安慰道：「地板壞壞，都是地板不平害寶貝摔到。」）害孩子過度地以自我為中心。或許這些孩子日後在社會上的應對進退還滿正常的，但私底下和情人相處，就會露出「順我找生，逆我者亡」的本性，簡言之，他們算是尚未完全長大的孩子。

3.父母也會傷人——失職型父母

他們十分忙碌，沒有太多的時間陪孩子，因此孩子常孤單地玩耍；他們將孩子託付給褓母、祖父母等照顧者之後，只願意「玩」小孩，孩子有需求時，則是能丟多遠就丟多遠。在這種環境下成長的孩子易出現心理學所稱的「情緒飢餓」。

情緒飢餓的人特別害怕孤單，身邊一定要有人陪伴，他才有安全感，並常常於獨處時感到無聊或驚慌，所以會打電話給有空的朋友以消耗時間。這類人不管長相如何，都易遇到爛桃花，因為他們缺乏獨處的能力，會輕易跌入愛情陷阱。

如果「情緒飢餓」者有現任情人，他會不斷地向對方大吐苦水，索求關心，因為他需要大量的愛。但並不是每個人都願意當情緒垃圾桶，並把雞毛蒜皮的小事放在心上，所以日子久了，長期接收抱怨的情人終將疏遠他，而他在感受到疏離感後，會更加焦慮，陷入不斷尋找新戀情的惡性循環。

4.面對高壓型父母的自我療癒法

若你發現自己是因為父母高壓統治的影響而遲遲無法遇到MR.Right，你可以嘗試以下方法，進行自我療癒。

步驟一，不必一開始就原諒傷害你的人。

美國知名心理治療師蘇珊・佛沃指出，很多治療師認為人們必須先原諒父母才可能療癒自己；但她認為在原諒對方之前，人們必須做好情緒的大掃除，藉由痛罵或是書寫來發洩心中的不愉快，才可以真正地讓自己得到釋放，如果一直強硬地武裝自己，勉強自己原諒對方，其實是很難平復心中的傷痕。

步驟二，漸進式地切斷和父母之間的關係。

你有自己應該獨立的意識是一件好事，但是「獨立」或「有自主意識」並不代表你必須一味地反抗，而是要在父母的期望和自己需求中尋找完美的平衡點，畢竟你仍是家庭的一員。如何找尋平衡點呢？當你發現你經過自己的思考後而產生的行為和父母的期待不符，你要告訴自己：「我已經是個成年人，禁得起因為『做自己』而造成的不自在關係，不必因為有自我意識而覺得內疚和彆扭。」只要你可以理性地處理和父母的關係，清楚地向父母表明自己理性思考過後的意願，不因情緒衝動而行事，你和父母的關係定會有所改變。

步驟三，重新評價自己。

童年的傷口使你的自信心低落，從而不信任愛情。沒錯，老是遇人不淑是很遺憾，不過你要清楚知道一件事——你已經長大囉，這一切一切的苦難都已經過去。你不再是那個受欺負的小可憐，父母對你的評價是有偏頗的，你，絕對值得被好好對待、好好去愛。想談好戀愛，你首先要相信自己值得被愛。

5. 面對溺愛型父母的自我成長法

一般來說，被溺愛的人不容易發現自己正被溺愛著，因為他通常把他人的付出視作理所當然。要判斷自己是否已經被寵壞了，你可以參考本書第五章〈超級自戀的大老闆〉中「注意！他被你寵壞的幾個特徵」（第一八二頁）。

倘若你發現自己正是成長於父母過度溺愛的家庭，你的首要任務就是學會「同理心」，也就是你希望被怎樣對待，就先這樣去對待別人，在抱怨別人前，先想想自己又是怎樣對待他人的。你可以先從感謝家人對你的付出開始，從今天起，不要忽略別人對你的一點點好，不吝於表達一點點的感動，試著回饋並且感恩，我想屆時大家都會對你的成長感到欣慰。

別遲疑了，試著對家人、對自己心儀的對象、對朋友，要求少一點，多付出一點，你會發現世界隨著你的改變而改變。

6. 面對失職型父母的自我成長法

因為童年時失去父母的安撫和關注，使你的內心形成巨大的愛之缺口，結果不是因為寂寞而遇到爛人，就是因為太過關注自身需求，而難以撫平害怕獨處的焦慮，導致愛你的人因為受不了壓力而離開。想改善這種「情緒飢餓」的狀況，你一定要學會度過只有自己一個人的時光，學會在自處時靜心，自己一個人做事，而不依附他人。

獨處，其實並沒有你想像得那麼難，只要習慣就好。

非得處於群眾當中才有安全感，落單了就覺得很不自在。當你察覺自己想要拿起手機找人陪伴時，要有意識地壓抑住自己的衝動，否則你永遠無法獨自一人承擔生活裡大大小小的壓力，會是情人、朋友與家人的負擔。

你會發現，當你一次又一次將找人陪伴的衝動壓抑下來，久了之後，你就會習慣自處的狀態，甚至從中找到樂趣。

其次，你不必呼朋引伴也能找些事情做，想想平常有沒有什麼讓你很感興趣的事情，或是想學的技藝？想去看某部電影，或是閱讀一本書？試著自己一個人從事這些活動。全神貫注地從事一件事可以讓你的心情平靜下來，轉移注意力，把惱人的情緒丟在一邊。

最後，你要學習一個人解決問題。只要你以健康的心態面對生活中的大小事，承認自己的不足與失誤，並靜下心思考，最終你將能看穿自己的盲點。一旦做到這個地步，你就不再是個只能將別人當成情緒垃圾桶的小可憐，而是可以主動處理自我情緒的成年人。

你的形象塑造是否與個性不相符？

人與人之間的第一印象很重要，你的儀容與行事作風將會帶給人們不同的觀感。舉例來說，當你在大街上看到一位身穿短裙、高跟鞋的長髮辣妹，自然就會聯想到她擁有開朗陽光的個性，所以敢穿較為吸引目光的服裝，進而推想她喜歡交朋友。對陽光女孩有特別偏好的男性自然而然就會想要追求這位辣妹。

但是偏偏這位辣妹只是外表如此，其實內在多愁善感，那些因為她看起來相當開朗而展開追求的追求者們在經過短暫相處後，就會發現「這個人和我想的不一樣」，然後覺得失望。個性積極的人可能會努力地改變她，使之開朗，隨後展開一段彼此都很痛苦的磨合過程，當然，成功的話是皆大歡喜，反之若失敗，則雙方不免會認為這段戀情自始至終不過是鬼遮眼。

所以，當你一次又一次的戀情紛紛失敗時，不妨留意一下自己的外在形象。你是否渴望安定但卻總是濃妝豔抹，把自己弄得像隻花蝴蝶？你是否明明是個喜歡掌握主導權的大女人，但卻披著弱不禁風的外衣，所以吸引一堆保護慾膨脹的大男人追求你，再抱怨你太有主張？你是否明明是個渴望被保護的小女人卻表現得幹練獨立，結果大男人對你敬謝不敏，而不適合你的小男人偏偏緊緊跟隨？

如果你有類似以上的煩惱，可以試著改變自己的形象和行事作風，適合怎麼樣的情人就展現相對應的風貌，就不會總是有MR. Wrong對你窮追不捨，害你一時失心瘋，談了一場鬼遮眼般的戀愛啦。

談戀愛難道不該「憑感覺」？

在學生時期，談戀愛是比較單純的一件事，只要某個人的眼神、氣質或外貌敲動你的心弦，讓你有想和他談戀愛的「感覺」，就可以採取行動。但是隨著年紀漸長、談戀愛的經驗漸多後，你就知道「憑感覺」可能是相當危險的事情。

如果你已經能依靠「感覺」就找到合適的情人，平平順順的相處下去，也沒有遇到太大的問題，恭喜你，你一定是個充滿智慧的成熟女人。因為你可以在一次一次的相處交往中累積經驗，進而把這些經驗內化成一種準確的直覺，得以讓你在茫茫人海裡一眼抓到合適的對象。

若你發覺自己依「感覺」而行事，換來的只是一次又一次的心傷，那代表你的經歷還不夠多，或是你沒有從中學習並獲得成長。

憑感覺談戀愛卻總是失敗，就是時候回歸理性，擦亮雙眼再選擇對象，替自己設定最基本的擇偶條件，在條件範圍之內選擇你有感覺的人，這才是聰明女人。倘若你真的不知道怎麼樣的人比較適合自己，千萬要聽姊妹淘的意見，或是參考他人經驗，不可以再繼續迷糊亂撞，衝動地愛了又傷透心。

你過於執著外在條件嗎？

憑感覺談戀愛的確有不夠理性的危機，但只執著於外在條件，要求對方有房子、有車子、月薪多少起跳呢？其實也不是好事。畢竟社會地位和薪水雖然是一個人能力的象徵，但是有能力並不代表他能當個好情人。

好情人懂得付出，彼此之間若有差異也願意協調，這種甘心付出的特質屬於內在，不會顯現於外表。而若你過於執著情人的外在條件，就容易忽略他是否能和你好好在一起的關鍵因素——「人格特質」。

所以，當你下次看到傳說中的高富帥時，先冷靜些吧，切忌一頭栽進去。你應該相處過後，看看他的個性，再決定下一步！尤其是那種條件好得要命的男人，招手就一堆女人願意當他的情人，但是他卻長期單身，你就要特別注意囉，除非他所處的環境真的太閉塞，沒有管道認識合適女性，否則這種「優質男」的性格大多不是很好相處，所以才會連一個固定情人都沒有。

說到底鬼遮眼並不可怕，畢竟第一次談戀愛就開花結果的人實在是少之又少，可怕的是，一個人陷入惡性循環中，無法修成正果。因此，建議你在每次的失戀過後，將自己放空，而非鎮日糾纏在往日的愛恨，只要你客觀地跳出情緒的漩渦，好好思考並修正自己的性格與擇偶條件，殞落的愛情就會轉變為戀愛必勝的踏腳石。

人生勝組
幸福教戰

有效處理怒氣的方法

許多人因為成長背景的因素，即使已經成年，仍不太會處理內心的憤怒，所以藉由濫交、玩弄感情來發洩情緒，以下是較為健康的憤怒處理法。

允許自己發怒

發怒是很正常的事情，你無須感到羞愧與彆扭。於團體中發怒，有助於爭取你的權益，而且這意味著你希望現況有所改變而已，無關對錯。

適度展現憤怒

你可以毆打枕頭、對著對方的照片咆哮，或是想像對方就在你的面前，並把你想說的話一次說出，當然也可以找個信賴的人聊聊。如果可以的話，直接找到惹你發怒的人是最好不過了，當然，要在確認他不會傷害你的前提下，再坦言你的憤怒原因。

運用憤怒脫離父母掌控

一旦你發怒了，你就可以知道親子關係的界線在哪裡，哪裡是你的地雷。所以發怒也可以幫助你脫離屈從他人的行為模式，讓你更顯獨立。如此一來，你就能正常地談一場戀愛。

天助自助，即刻檢視你是否罹患鬼遮眼卻不自知

鬼遮眼的感情人人都怕談，因為既浪費時間又沒有意義，沒有人不想及早從上天開設的感情課程中順利畢業，邁向幸福的彼端。

然而，「鬼遮眼」並不限定於不斷地在愛情裡戰敗，或是重複過去的傷害，一個人如果在同一段感情中不停地重蹈覆轍、在前任情人的陰影下徘徊而不願意面對新生，也是一種「鬼遮眼」。所以「鬼遮眼」其實指的是感情歷程停滯不前的一種狀態。但既然都說你是被鬼遮眼了，就表示有的時候你並不知道自己處在感情迷霧中，所以才沒發現自己正在重複之前的傷心歷程。

鬼遮眼的四大徵兆

你以為只要換一個情人，就是徹底告別過去並蛻變為更好的人？其實不然。即便你表面上已經放棄和這個不值得的男人苦苦糾纏、浪費青春，但只要你遲遲無法走出這段感情，就是一種鬼遮眼。如果你有以下情況，就代表你還沒有從失敗的戀情當中站起來。

1. 分手的原因如出一轍

你發現自己雖然換過一任又一任的男朋友，但是每一次分手的原因都大同小異，過程裡和姊妹淘抱怨的話題都差不多，她們甚至都能把你說的話一一背誦，別懷疑，這就是徵兆之一，而且所有人已經對你一而再、再而三陷入同樣的困境感到有點厭煩了。

請你仔細回想，是否曾有一兩位勇氣可嘉的朋友直指你的盲點，但因為你只顧著生情人的氣，所以反而罵他們不夠朋友，根本沒有把人家的話聽進耳裡？是不是有幾位個性溫柔的朋友明示兼暗示，希望你能就此清醒，但你只聽到他們溫暖的鼓勵，而忽略緊接在後的那句「如果你能……，一切就會更好了」？是不是有幾位朋友根本已經放棄你，開始躲避你的電話，不願意聽你重複再重複的苦水？

如果你發現自己落入此種窘境，真的要有所警覺，因為你在反覆地體驗人生的失敗，這實在是有礙身心。所以，打開你的耳朵，鎖定那些肯直言不諱的朋友，並認真傾聽他們的肺腑之言吧！對你來說，過多的安慰只是阻礙你進步的毒藥。

2. 始終在為同一個問題爭吵

不管你是和現任的情人吵，還是跟前任的情人吵，只要爭論的是一樣的問題，而問題也從未真正地解決，你就是在浪費時間做毫無意義的事情。就算你換了新髮型、改變自己的外貌、更換工作，就算你的新情人更英俊、更有錢、更浪漫，只要爭吵的核心議題沒有變，你就仍在走老路，因為沒有學會老天爺給你的功課而被留級。

3. 歷任情人的個性大同小異

你總在搜尋記憶中似曾相識的影子，找到之後就義無反顧地投入，最終又慘烈地以失戀收場。甚至連久沒見面的朋友都因為你前後任的情人相似度實在太高，所以認為你根本沒有換過情人？

或許你會很固執地說自己就喜歡這一型，但「喜歡」和「合適」是兩碼子事，你喜歡他，並不代表他可以和你好好相處下去。當然，你還是可以選擇自己喜歡的人，然後彼此不斷地溝通、磨合，我並非一定要你更換情人的類型，只是若你自己都不想改變，卻一味地想要改變你喜歡的對象，讓他變成專門為你訂做的完美情人，也難怪你始終走不出失戀的輪迴。

4.你假裝自己很幸福

你總是在幫情人講好話，總是在親朋好友面前刻意強調他對你很好、你很幸福。你覺得所有人都不懂你偉大的愛情，只有你最了解情人對你的愛。你是不是覺得愛就是包容與無條件的奉獻？

假使今天只有一個人說你的情人不是，你能說這是偏見或先入為主，但倘若看過他的人都說他不好，你還得拼命地找出他的優點以說服別人，然後順便安慰自己，相信我，並非大家不了解你的情人或是不懂愛情，而是你鬼遮眼。

另一種情況是，你已經跟對方分手，卻過得如行屍走肉，外表看似正常，但總是故意快樂給別人看似的，不斷地和他人強調自己活得很好，夜深人靜時心裡卻常常浮現過去的影像。你的人活在當下，心遺落在過往。我給你的建議是，別再逃避自己的不快樂，找出那個害你不斷回首、遲遲無法走出舊戀情的心結吧。

5.你的戀情像長壽狗血劇

你覺得沒有人會這麼傻，甘願停留在一段不愉快的關係裡，但確實就是有人喜歡「付出的悲壯感」，他就是要揮霍自己的情緒，酸甜苦辣全部嚐遍，才覺得自己是在談戀愛，順遂與平淡的戀愛過程完全激不起他的興趣。

如果你的戀情如長壽狗血劇，你動不動就在雨中哭泣、公路飆車、對付小三、吵架吵到摔盆砸碗、下跪道歉求復合，相信我，你已經被偶像劇洗腦啦！一段能夠長久的愛情並不是這樣。

何謂正常的愛情？至少兩個人相處起來舒服，出現問題時可以磨合吧？要是你總在愛情裡受苦，天天和朋友抱怨，倒完情緒垃圾之後又回去大力嫌棄情人，搞得雙方苦不堪言，這樣你還不如分手，對任何人都好。畢竟提分手並非罪大惡極，以鴕鳥心態逃避彼此不合適的事實，才是最殘忍的懲罰。

如何解除「虐心」的惡性循環？

世界上最勇敢的人，不是逞兇鬥狠、盛氣凌人之人，也不是敢於選擇死亡，主動終結生命的人，而是能直視自己的脆弱，將自己狠批到體無完膚後，徹底改過，重新再活一次的人。

人生於世，最怕的就是停滯不前，不管你從前是怎麼樣的人，能夠靜下心來面對自己，這份勇氣就值得稱許。因此我要提供你幾個告別鬼遮眼的方法：

1. 強迫自己正視異樣感

我知道要陷入戀愛的你保持理智冷靜很難，但你總會有些「感覺」。就像情人對你好，你會有甜蜜的感覺；如果你心裡有疑惑、產生異樣感或是覺得這段關係讓你感到不舒服，請你千萬不要騙自己一切只是錯覺，也不要認為狀況會自動改善。宜想方設法跳脫戀愛的情緒，以旁觀者的角度看待你和情人的關係，如果你自己做不到，就請親朋好友幫忙。

除此之外，你也可以藉由書寫慢慢地梳理情緒，因為思想轉化為文字需要一番整理，而這番整理搞不好就能助你發掘自己的盲點。陷在過去的情境走不出來？將你和前情人的故事寫出來吧！

2. 拋棄罪惡感

你覺得好女人不該提分手，甚至不該提出兩人之間的問題，因為這麼做既不賢慧又不得體，會造成對方的困擾。但是你必須承認，若要改善一段關係，總是有人必須當壞人，按兵不動只是在逃避遲早都要面對的問題。更何況，如果對方是你的真命天子，逃避只是讓彼此更加疏遠，若對方不是你的真命天子，不分手也只是阻礙彼此的幸福。不如早點給雙方一個痛快，因為無論如何，拖延絕對不是最好的選擇。

3. 絕不留遺憾

如果你跟情人一直為同樣的問題起衝突，你可以主動找對方，把身處在這段關係中的不開心之處一一坦白。首先，你要肯定情人對這段感情的付出，也就是先說對方的優點，然後再委婉地說出自己感受，盡量避免過於情緒化的指控，單純陳述事實即可。

何謂陳述事實？舉例來說，在你們的對談中，你應避免使用誇飾法，別以「每次你都……」的句型作為開頭，因為這種說法具有指控的意味，很容易引起對方的敵意，最後僅是激怒彼此，使得善意的對談變成意氣之爭。你可以列出實例，聊聊那些曾經發生過的事件對你造成什麼樣的影響。

這麼做的好處是，一旦你的情緒藉由懇談而得到抒發，就算雙方無緣再繼續，你想說的、該說的都已一吐為快，遺憾之感將不復存在。很多人之所以在分手後不斷遙想過往時光，其實並不是他有多愛對方，而是因為該說的話沒說、該做的事情沒做完。唯有將心結打開，才不會受盡「走不出這段感情」的折磨。

倘若你真覺得難以啟齒，那就將之寫下，並且寄出去吧。不要在乎他會有何反應，也別擔心他會怎麼想，只要你的心意能傳達出去，此舉同樣能助你畫下確切的句點，毫不遺憾地往前走。

4. 為戀情舉辦告別儀式

不論你和情人懇談過後的決定是不是分手，你都要做出具體且可見的改變。比方說，當你們希望能拋棄過於黏膩的相處模式，並給彼此多一點空間，你們可以在做出決定之後相約換髮型，或是一起買個小信物為證等等，總之必須有具體的改變，提醒彼此曾經共同做出協議，在過去與現今之間劃下明確的界線。

如果最後你們決定分手，那即可藉由收拾過往互贈的禮物、參加新的社團活動，或者培養新的嗜好，為生命添增不同以往的氣象，提醒自己舊情已逝。

5. 為人生訂定短期目標

請你訂定一個和愛情無關的短期目標，比如學會一種新的語言、進修並拿到結業證書，或是健身有成，藉此充實人生，從剪不斷理還亂的感情漩渦中脫身。

其實不是只有你一個人會想展開新生活，那些在苦海中沉淪的人們也想擺脫自欺欺人的念頭，所以你並不孤獨。只要有恆心毅力，不論是誰，傻過了、痛夠了之後，都能翻開人生的新篇章。

人生勝組

幸福教戰

面對揮之不去的前任情人

有時候你已經從舊情中走出，但前任情人還是像縷幽魂，三不五時就跑來糾纏你，此時你該如何妥善應對？

勿情緒化

首先，請你不要有任何激烈反應，不要責罵他、不要驅趕他，你平日怎麼對待陌生人，就怎麼對待他，無論他說什麼，你都不要做過於誇張的表情。對，很難，但對一個不適任的情人來說，這是最佳的應對態度。

勿回應

當你早已和對方說清楚講明白，為了不給他幻想的空間，請你不要一而再再而三地解釋，連「我們不可能」這種話都別說了，最好直接以行動證明，推掉他的所有邀約，阻絕任何能讓他大作文章的機會。

態度要堅決

對一段注定無望的感情來說，心軟只是延長彼此的痛苦，為了彼此的利益和幸福著想，請你打定主意後就不要反反覆覆。如果你意志不堅，對方當然會覺得仍有機會。那麼你只是好心做壞事囉。

聰明選擇「對的人」

人人都希望談一場得以開花結果的戀愛，可惜的是，談戀愛如同學習技藝，需要不停地嘗試與練習，鮮少有人可以一步登天、第一次戀愛就上手，多數人都是在跌跌撞撞中摸索出Mr.Right的雛型，找到適合自己的對象。

對，是「適合」的對象，而不是「喜歡」的對象，因為有些人註定只能被喜歡，而不適合相處或結婚。所以，懂得在合適與喜歡的條件之間找到平衡點，是已達適婚年齡的男女必備之技巧。那麼，你究竟該如何選擇適合自己的MR.Right呢？

最實際的擇偶標準設定法

每個人心中都住著一個完美情人，你期待著一位高大帥氣、才華橫溢、溫柔寬容、富可敵國、專一深情的王子，或期待著一位美麗善良、氣質不凡又很好相處的公主，然而現實世界總是不盡人意，「夢中情人」和「合適的對象」多數時根本是完全不同的兩回事。

現在就醒醒吧！如果你一直活在童話世界裡，不願長大，那麼你永遠找不到對的那一個人。

1. 審視自己的條件

在你設定擇偶標準之前，最重要的一點就是衡量自己的條件。小資女搭配總裁或是大少爺愛上女僕，都是偶像劇情節，只要你平心靜氣地檢視自己的各方條件，你就會知道自己究竟適合哪種情人。

當然，除了深入了解自己究竟適合哪一類型的情人之外，他人對你的評價也要列入考量，因為自己看自己總會有盲點。更進一步的做法是，觀察交往對象對你的態度。如果你喜歡的對象都沒有繼續和你聯絡的意願，而且這種狀況已經不只發生一次，剩下的追求者又都是你覺得條件不夠、不想選擇的人。那麼，你建立的自我感覺以及擇偶條件大概都超標了，有必要好好修正。

2. 歸納過去的戀愛經驗

你喜歡吃特定的「菜」，總是愛上同類型的人，每次談戀愛都甜甜蜜蜜地開始，最終卻像跳針的唱盤，一次又一次重複相同的毀滅式結局，你明明並非樂此不疲，卻仍在浪費青春。

所以，你可以歸納過去交往的對象是否擁有雷同的特點，而那個特點就是導致你在情路上屢戰屢敗的原因。請你把擁有相同特點的人列為拒絕往來戶，這樣才能順利展開「有望」的戀情。

擔心自己越看越模糊？那你也可以詢問身邊的朋友，相信旁觀者清的他們會給你正確答案。當你發現自己還是擺脫不了自虐的戀愛模式，就請你暫時獨立生活，不要找任何對象，因為你過往戀情留下的傷口仍在淌血，所以沒有能力展開一段健康的關係。

每個人都有自己應該學習的情感課題，所謂的「療癒情傷」並非僅是恢復能吃、能睡的狀態，然後可以談下一場戀愛就沒事了，而是切實地認知感情失敗的原因、不再怨恨前任情人、不會認為戀情都是對方的責任或是「全天下的男（女）人沒有一個好東西」，唯有做到這種地步，才能代表你已經擁有打破虐戀模式、選擇合適對象的勇氣。

3.先列出你最在意的條件

你可以將自己的擇偶條件列成一張清單，並勾選出自己最在意的前三項。日後只要有符合這三項條件的對象，就算你對他再沒有感覺，也先試著當朋友，不要預設交往立場，說不定反而會有很好的結果。如果你覺得只勾選三個選項實在太少了，你重視的要求還有很多很多，請你冷靜聽我說，世界上沒有專門為你打造的情人，有人能夠符合你最在意的條件就已經很不簡單了，不妨先認識再說。

4.拋棄過時的觀念

日本社會學家山田昌弘於其著作《婚活時代》中提到，因為日本景氣長期停滯、國民所得M型化，以及女性社經地位崛起等因素的影響，所以符合三高（學歷高、身高高、收入高）條件的男性越來越少，只有不到百分之三的男性達到標準，也就是如果日本女性堅持傳統觀念，非三高男不要，那麼會有百分之九十五的女性找不到對象。

其實台灣的情況類似，根據「高學歷女性不婚因素」的研究調查，找不到理想對象而不婚的女性比例佔最高。

傳統認為一段關係裡，要男強女弱、男高女矮，但是隨著你的教育程度提高，薪資逐漸增加，你的條件已跟過去的女性不一樣，既然自身的條件改變，你設立的擇偶標準為什麼還停留在恐龍時代呢？

先別急得跳腳，我並非要你降低自己的擇偶標準，濫竽充數過一輩子，而是希望你能與時俱進，打破陳舊的觀念。男人們不要畏懼於追求比自己有成就的女性，認為自己一定沒機會，女人們也不要堅持「往上看」，薪資、外表、身高不如你的男性可能擁有一顆認真負責的心，會一輩子視你如珍寶。只要兩個人加起來足以支撐一個世界，只要對方對你真心誠意，誰說一定要找到一個處處強過你的情人才是幸福的保障呢？

尋覓歸宿其實是「認識自己」的深度之旅，人們唯有清楚地認知自己的條件、個性與真正的需要，才能找到合適的那一人，而那些自命不凡的高傲男女，則註定與幸福擦身而過。

不可或缺的基本條件

但是在你羅列擇偶條件時，有兩項條件是你不可忽略的，沒有這兩項條件，就算你喜歡的對象有你最在意的三項優點都沒有用。

1. 專情與否

一個不專情的情人，不管他的條件再好、看起來多人模人樣、事業發展再大都無用，因為你必須和其他人分享他的「好」，除非你不以組成安穩的家庭為目標，而是想開闊眼界、享受經濟無虞的好處，那麼這確實是一筆兩廂情願的交易。但假使你一心想擊退眾多情敵，那我只能說你真傻，因為花心是一種根深蒂固的習慣，何必癡等他戒掉，讓自己的人生過得如此提心吊膽？

2. 工作穩定

如果你是事業型強人，本身就是印鈔機，那你確實不必在意對方的工作是否穩定，即便你喜歡的就是可以為你洗衣煮飯的居家小情人也無所謂，畢竟有需求就會有人供給，社會上的居家男雖然較少，但還是存在。

倘若你不是，請千萬要將情人的工作狀態列為必要的考量，因為你可以從中看出他是否具有足夠的責任心，一個三天兩頭就換工作的情人，怎麼會具備與你攜手一輩子的堅韌與毅力？

小心！爛桃花在呼喚你

你以很多人追求為榮，甚至以追求者的多寡來衡量自己的價值嗎？的確，追求者眾，能滿足人們的一點虛榮心，挑到好對象的機率也比較大。但有時候這也不見得是好事，因為追求者的動機不一定純正，品質也有好有壞，要是你不懂得判別的技巧，挑三揀四後還是會挑到爛葡萄，譜出傷心傷神的戀情。所以，如果你的追求者有以下行為，小心囉，爛桃花正在朝你招手！

1.他毫不避諱地對女人獻殷勤

我知道，你們仍只是朋友，甚或才剛剛相識，連朋友都算不上，所以你認為自己沒有權利要求對方專心一意。而且也有為數不少的人認為，既然對方都沒有實際答應你要交往，多交幾個朋友又有什麼關係？反正投資就是要分散風險啦，多追幾個再說。

但是這牽涉到「誠意」的問題。試問，當你準備就業面試，你一定不只投遞一張履歷而已，而其實大家也心照不宣，但你絕對不會大刺刺地對面試主管說：「我的確十分嚮往貴公司的環境，但請您快點決定是否錄用我，因為還有其他公司我也非常感興趣，貴公司並非我唯一的目標。」一個敢說出這種話的人想必在業界已是菁英中的菁英，才會如此不顧應有的禮貌。

有些事情私底下做做就好，不必擺明讓大家難看。如果一個男人追求你的同時，也對你生活圈裡的朋友猛獻殷勤，毫不避諱，難道你不會懷疑他只是在亂槍打鳥，看哪隻傻鳥會主動上鉤嗎？你真相信他嘴上說的「很喜歡你，想要交往」嗎？請問他到底是有多喜歡？

最好找一個願意投資時間，專心地追求你的人，若是你一時間真無法找到，至少也要找個懂得尊重你的人。切記，那種似乎對每個女人都有意追求的男人，絕對是最差的選擇，因為他連自己要什麼都不知道，你又何必自願當他的實驗白老鼠？

2. 他很怕寂寞

你發現他閒不下來，只要出現一點點空閒時間，他就會立刻找朋友吃喝玩樂，是個一獨處就會引發焦慮的人。那你就要特別小心了，這種人極可能是因為寂寞而愛，當他寂寞之時，是誰陪伴在他身邊根本沒有太大差別，只要是人就好。你不該當這種填補空虛的情人，因為你無法與他形影不離，一旦你不在他身邊，就是他另尋慰藉排遣寂寞之時。

3.他沒有固定追求的類型

有一種男人看起來滿老實的，展開追求時心無旁鶩，但是他歷來追求的女性都差異極大。我不是說情人的類型一定要固定不變，因為每個人都必須經過一段摸索期，才知道哪一類型的情人適合自己，但反過來說，當你發現你的追求者之前追求過的女性差異非常大，就代表他正處在摸索期，這種戀情失敗的機率自然比較高。找個了解自己心之所向的人總是比較保險，若你還年輕，願意和他慢慢磨合，甚至助他找到適合自己的菜，你當然可以投資青春在他身上，就當作是付學費上課，說不定你也能經由交往過程得到不少好處。

不過若你急於成家，就別浪費時間跟這種爛桃花糾纏了吧！

選對象真的很考驗一個人眼光的好壞，但是在你要求別人之前，請你先要求自己，畢竟「物以類聚」，同磁場的人總是特別容易互相吸引。

人生勝組

幸福教戰

如何相安無事地擺脫爛桃花？

遇到不喜歡的追求者是很平常的事。然而一旦處理不當，有可能會激怒對方，發生無法想像的後果。因此要擺脫爛桃花，須注意以下事項。

速戰速決

你究竟喜歡還是不喜歡他？你要盡快給對方明確的答案。或許你認為相處過後你才能得知對他的感覺，那麼在過程中你要以朋友姿態相待。不收禮物、不麻煩對方，勿將曖昧不清的狀態拖延太久，害對方無法脫身。

勿批評對方

不管你的追求者看起來有多麼的可笑或自不量力，他對你的善意是無法否認的，所以請你尊重他喜歡你的權利。拒絕對方時，以說明自己的缺點代替批評他，這樣他才會尊重你拒絕他的權利。

真誠的態度

其實對方願意跟你告白，心中已經做好會被拒絕的準備，只要你的態度溫和、真誠，又沒有刻意佔對方便宜，把對方當成工具看待，相信只要不是人格有問題的正常人都可以接受失敗的打擊。

打破愛情迷思，原來你的戀情比想像得更美

有的時候，你的戀情遲遲無法開花結果是因為你對愛情存有迷思。你是否總認為愛情是世界上最重要的事？是否曾為了愛人而放棄自我，認為這樣的付出犧牲才徹底？是否沉溺於犧牲付出帶來的滿足感而慣壞愛人？是否認為習慣是愛情的毒藥？是否覺得只有脾氣與個性相似的同類才算是一對好情侶？

若是你有以上觀念，就代表你對愛情的看法尚未成熟，所以我要幫你一一破解愛情迷思。

迷思一：愛上了，世上就只有他

不少人在戀愛時會陷入封閉的狀態，將世界縮小到僅剩下自己和情人。如果處於熱戀期，這種與世隔絕的狀態還可以理解，因為情人是你生活裡的新進入者，所以你會花費心思去認識他，但交往一段時間後，你仍疏於經營生活裡的其他關係，而一心一意守著浪漫綺想的小世界，那你將會成為井底之蛙。而且屆時若不幸分手，你將會非常失落，因為你唯一的生存目標與重心都被奪去。所以，千萬不要為情人放棄生命裡的其他關係，世界上除了愛情，還有很多精彩的事物！

其實一個人究竟把時間花在哪裡，是可以看得出來的，如果你肯多花費時間經營自己，一天多讀一本好書，你的氣質就會漸漸有所變化，一天多學一道好菜，你的廚藝必會人人稱羨。如果你把時間都花在戀愛上，忽略自我成長，幾年後你還是你，但你的情人卻已經進化成新的物種了。

所以戀愛要談，自己想做的事情也要勇敢地追求，學你想學的東西，當一個內涵更豐富、更有魅力的女人，畢竟內在吸引力總是比外表長久，不是嗎？

迷思二：愛他，就該為他改變

跟奉獻型的情人談戀愛實在很幸福，因為他們願為自己所愛之人改變，這種付出刻骨銘心。然而這種改變若到了違背本性的程度，就顯得相當病態。一段健康的關係，是雙方坦然接受彼此最真實的樣貌。如果一個人始終巴望著你可以改變為他心中的理想情人，那他愛上的人絕對不是你。

在這個講究個人主義的社會中，奉獻型情人其實是稀有的善良物種，所以，不要將自己的愛託付給不該託付的人，也不要無止盡地掏空自己，讓親朋好友都心疼不捨。對自己稍微好一點、多為自己著想一點，這和你能否擁有幸福絕不衝突，因為真正愛你的人會在乎你的感受，也願意做出一點讓步，使得你們能夠快樂地一起走下去。

若是一段感情全靠你單方面的退讓和忍耐，清醒點！他不是能夠相伴一生的對象。維繫這種降低自尊又不快樂的戀情意義何在呢？為了讓你的生活更難受嗎？

迷思三：習慣，是愛情的毒藥

常聽人說：「習慣是殺死愛情的毒藥，能將愛情變成一灘死水。」確實，生活中有小小的變化調味、實行特別的規劃重燃愛火，都是值得的投資，可以在感情銀行的戶頭裡增加存款，只是，如果你認為天天磨出新火花才是愛情，老夫老妻的平淡生活代表愛情已逝，那就是錯誤的認知。

其實情侶之間一起養成習慣是件好事，比方說，你們擁有一個約會的「老地方」、時常一起從事某項活動，或是每次兩人和好時必定會去的餐廳，這些習慣就是這段感情裡的「記憶點」，而這些記憶點就是虛擬的信物，象徵你們之間甜美的回憶，等到雙方產生不愉快時，就可以藉由這些記憶點喚起甜蜜的感受。

甚至可以說，某天若有外力介入你們的感情時，這些難以抹滅的習慣就是你們擊敗誘惑的利器。由此可知，經營一段感情並非力求變化，避免倦怠即可，最好也要有共同培養出來的習慣，才能讓戀情永保安康。

迷思四：感情好的戀人一定不會吵架

你視吵架為畏途嗎？

你總是覺得吵架就代表兩人感情不好，代表自己愛找麻煩、不識大體、不懂體貼。其實這是錯得離譜的觀念。「吵架」是另一種形式的溝通，你越是怕爭吵，越是不能敞開心胸談論這段感情的問題癥結，那麼彼此就會漸行漸遠。

你畢竟是活生生的人，不是櫥窗中的完美展示品，何苦一直勉強自己維持完美的表面？你在公司裡維持平和的態度是為了薪水且不想被視為異類；你在萍水相逢之人前維持完美形象，是因為彼此打交道的時間並不長，對方再怎麼樣冒犯你，忍一下也就過去；你在八百年才聯絡一次的親戚面前保持甜美形象，是為了給家人面子。那麼請問你在日後必須相處很久很久的情人面前強撐著、不敢表達自己的不滿，是為了什麼？是覺得自己不會和他長長久久？還是不想和他熟悉，不想讓他認識真正的自己呢？

天底下沒有不需經過磨合的情侶，倘若有，兩人之中肯定有一方藏了很多心底話。因為未經磨合的關係是危險且脆弱的，所以如何確保感情不會被吵散，就顯得至關重要。講話的態度是關鍵，尤其是絕對不要人身攻擊，不要哪句難聽就偏挑那句講。你反駁我道：「吵架本就不理性，對方應該要知道我只是一時氣話，所以我何必修飾言詞？」那我只能說，你的修養有待加強。

雖然對方明知你說的是氣話，但話語的殺傷力並不會因為你只是隨便說說就降低。氣話說多了，是人都會覺得你能夠講這些令人聽不下去的難聽話，可見你也沒有多在乎他。

其次，要注意你們的感情基礎扎實與否。如果兩個人是「了解後相愛」，那一次小小的吵嘴不會產生多大影響。不過如果是一時的迷戀，相處時間並不長，要修復關係就需要其中一人先低頭道歉。

最後，心有疙瘩卻不敢和情人說，轉而向姊妹淘、網友或異性友人大肆抱怨，是相當壞的習慣。畢竟他們都是局外人，偶爾可以找他們出口怨氣，然後再回去和情人把話說清楚，但絕不要一直在背後罵對方，卻無所作為。而且繞來繞去都是一成不變的問題，聽到姊妹淘都想翻白眼了。

況且和異性朋友抱怨自己的感情狀態會引起有心人士誤會，徒添是非。

迷思五：相愛的情侶必定相似

相信許多人都曾有這種美夢，在茫茫人海中，總有一個和自己興趣相同、個性相似、甚至連生活習慣都一模一樣的人，那有多麼完美啊，簡直是天生的一對。

相似的價值觀與生長背景的確有助於彼此溝通，但你硬是要求對方跟你有同樣的興趣，喜歡相同類型的電影、偏好同樣的口味，就有點認不清現實了。能與相似的人成為情侶是一件好事，但「相愛」和「相處」是兩回事，相似的個性或許能使人產生「心有靈犀」的觸電感而墜入情網，但長相廝守靠得可不是「相似」二字。與個性相似的情侶交往反而易浮現「他跟我個性這麼像，他應該要理解」的想法，於是在溝通交流方面就流於怠惰，雙方都忘記，即使兩人再怎樣相似，都不是對方肚裡的蛔蟲，無法準確猜出彼此的心思。

再說了，如果兩人一樣的固執、被動、不善言辭，感情就難有進展。情人之間一個被動，另一個就要主動些；一個固執，另一個就要懂得讓步。互補型的情侶因為興趣大相逕庭，更能維持新鮮感，利於延長愛情的保存期限。反過來說，情人會的花招你也會，你們自然不會欽佩彼此，也就缺少了許多相處的樂趣。

總結來說，最完美的關係是，大處（基本價值觀與生長背景）相似，小處（脾氣與興趣）互補，這樣的情人相處起來最不費力。所以你真的不必執著於和相似的人戀愛，或是本末倒置，要求你的對象成為一個和你相似的人。

沒有人一開始就知道健康成熟的愛情長什麼模樣，也無人從來沒有似是而非的迷思，每個人都是經過一次又一次的戀愛才得以成長。如果你具有以上迷思，代表你對感情的看法還不夠透徹，只要稍作調整就能避開愛情裡的爛咖，防患於未然。但假使你已經遇到「愛到卡慘死」的惡魔系情人，也勿驚勿慌，下面一章將教你如何讓爛情人變成A咖，愛情之路越走越順暢。

人生勝組

幸福教戰

如何安全地談分手？

找到愛情盲點是好事，想要離開一段本就沒有未來的感情更是可喜可賀。但是在你準備開展新人生，揮別舊愛的同時，你要注意以下事項。

美化分手原因

戀愛時，對於這段關係裡的問題癥結點要坦誠，但當你決定分手後，不妨仁慈相待，說點善意的謊言，最好是把分手的原因攬在自己身上，做面子給對方，即使對方知道你所言不實，也會感激你給他台階下。

相約於公開場合

談分手不必意氣用事，也不在爭執的當下脫口說要分手，因為那時兩人都在氣頭上。若是再加上你們正處在無人的空間，那可就相當危險了。建議是於雙方冷靜過後，再約對方到公眾場合相談。

絕不拖拖拉拉

既然已經說出分手宣言，就不要再給對方任何隻字片語，讓他有機會糾纏下去，必要時，連搬家都請人代替，讓對方和自己完全隔離，也就是給對方空間和時間去接受現實。

Part 2

顯性爛情人
現實派

他天生缺少浪漫細胞，做事急功近利，

他以條件看人，不注重兩人的互動，

戳破你對戀愛的所有粉色泡泡，並自以為實際，

該如何帶領他感受現實生活之外的精神世界？

還是乾脆和他一起把戀愛當和合約談？

難道精神滿足和現實目標只能是互斥的兩極？

精打細算的小氣鬼

情人有金錢概念是好事，但很多人根本分不清「節儉」和「小氣」的差別，讓你氣在心裡口難開，唯恐被誤解為「拜金」。

玲玲的情人必成就是個精打細算的小氣鬼。她和必成去的約會場所通常都很平價，當然，如果玲玲主動要求，必成也會帶她到高消費的餐廳，但是必成掏錢包時那種心痛的神情，常常讓玲玲覺得好氣又好笑。

必成各方面的表現都還算可以，唯獨就是務實得過分。每當玲玲聽見好姊妹驕傲地談論情人對自己的寵愛，玲玲是既羨慕又鬱悶，因為她並不是揮霍成性的拜金女，只是偶爾也想體驗無須錙銖必較的浪漫，但如果由自己主動開口向必成提出要求，玲玲又覺得經過她提醒之後的付出一點意思都沒有，而且還得看必成心不甘情不願的臉色。玲玲想要提點他，於是半開玩笑地提起必成小氣，他又堅持自己是「節儉」，所以狀況完成沒有改善，玲玲實在是不知道到底怎麼樣才能改變必成。

小氣鬼的相處之道

別把小氣情人想得太差，畢竟一段感情裡只重視金錢或是只重視愛情都過於偏頗，只有「愛情」，沒有經濟基礎，只有「麵包」，沒有感情基礎，兩者都是悲劇。除去想靠他人賺錢養的小白臉不提，正派的小氣情人至少可以保障你的經濟規劃不會出大問題。

然而，小氣情人過於計較的態度的確也會讓生活品質降低，所以尋求安穩又不失情趣的交往模式就是你的首要任務。

1. 先建立良好的心態

別覺得情侶之間談到「錢」很俗氣，只要一聽到情人提到關於財務方面的問題就感到不自在，覺得情人好現實、勢利眼，因為你必須認清一個事實——錢，牽涉到的不只是數字，而是一個人的價值觀。

理財顧問李鳳蘭認為，情感關係裡，單純談錢是無意義的，而是要先釐清彼此在感情中期待什麼、想要什麼，談論錢才有意義。每個人使用錢財的態度都不一樣，有的人認為一個月三萬元就已足夠，有的人覺得要五萬才夠生活，有的人覺得買股票可以賺很多錢，有的人寧願把錢投資在較為穩定的基金上，而有的人把錢存在銀行，沒有任何投資行為。也就是說，一個人的理財方式，代表他的人生價值觀與目標。

換句話說，情侶可藉由討論財務議題了解彼此的生活期望是否一致，並且即時溝通調整彼此的人生目標。

所以你的小氣情人並非只會談錢的討厭鬼，他是在和你分享他的價值觀，而這種價值觀的溝通是情侶之間的必經路程。試問，他如果不具有和你共創未來的誠意，為何要這般積極地分享自己的觀念呢？

2. 讓對方知道你的理財規劃

有的時候，小氣情人之所以在你耳邊嘮嘮叨叨，是因為他不清楚你的理財規劃，也不知道你的經濟實力，以為你花錢隨心所欲。所以，下回小氣情人又在碎念你花錢買奢侈品的行為時，你可以告訴他這是在你的能力範圍之內的花費，你並非毫無責任心的月光族，對工作與金錢有自己的主張，感謝他的善意提醒。

假設對方一直將約會的花費念念不忘地掛在嘴上，那你就主動負擔一些，耳根子自然就會比較清靜。

3.理性思考有助感情發展

這裡所謂的「理性思考」，不是要求你戀愛時一板一眼，嚴肅以待，而是懂得看狀況，適時展現自身的智慧。

比方說，當情人的事業未穩，無法立即和你結婚時，你的回答不能是：「寶貝，沒關係，我相信真愛可以克服一切，就算你真是窮光蛋，我還是願意嫁給你。」這種回答乍聽之下令人感動，但其實根本是認不清現實。與其說這種好傻好天真的話，不如理性地和他商量未來的財務規劃，一起存結婚基金，這樣他才會覺得你們處在同一個頻道上，可以溝通。

小氣情人也能變大方

無論對象是誰，談「錢」總是尷尬的一件事。尤其是指出情人錙銖必較的行為，難免會有現實勢利的嫌疑，所以很多人都不敢要求情人大方一點，於是一次又一次地忍耐後，反倒更難說出自己真正的感受。

其實，讓小氣情人變大方是有技巧的，直接罵情人小氣肯定不恰當，但是你可以藉由以下方法，讓情人更懂得如何好好地對待你，進而把生活品質提升到彼此都滿意的程度。

1.言語暗示法

多數的時候，小氣情人是因為不懂浪漫、個性務實，所以才看起來毫無情趣，就算有足夠的預算也不懂得怎麼花費。建議你在節日前夕就暗示自己想要如何過節、喜歡什麼樣的安排，讓對方意識到你很期待這次的節日，並有該從何處著手的線索，才不會像無頭蒼蠅一樣，猜不中你的心思。

至於暗示的方式，不能過於模糊，你可以在節日接近前，告訴他哪一間餐廳不錯，你很喜歡。久而久之，他就知道你期望中的約會，不會再如此小氣啦。

2.提出彼此對小氣的定義

其實「小氣」的定義每個人都不同，有的人覺得情人約會不肯付全額帳單就是小氣，有的人欣然接受各自付帳的模式；有的人覺得約會就是要去知名餐廳，有的人覺得家庭料理就可以盡興，只要不是毫無氣氛的路邊攤即可。由此可知，既然你會認為情人小氣，就是你們的定義有落差，不妨坦誠說出自己是如何衡量一個人是大方還是小氣，說不定他還會驚訝於你覺得他小氣的這件事。

3.帶領情人體驗消費

說到「享受」，其實沒有人不喜歡，小氣情人之所以不懂得品味生活，極可能是經歷過一段財務吃緊的時期，所以即便如今手頭已較寬裕，仍維持以往的消費習慣。此時，你要在經濟許可的範圍內，主動帶領他享受生活。

但我的意思不是要你向他撒嬌，請他替你付帳，這麼做只會讓他心疼自己的荷包，引發不必要的爭執，而是運用生日、加薪等名義，主動付錢，引導他享受。既然是你的好意，他就比較不好意思拒絕，如此一來，只要他不是存心佔你便宜，日後自然會有所回饋。習慣這樣的消費模式過後，小氣情人在用錢方面也會較為寬鬆，生活品質自然提升。

但別忘記「由奢入儉難」。不想養成一個奢侈情人，你還是應該有所節制，畢竟一旦步入婚姻，若兩人都愛享受、都不擅長財務規劃，遲早坐吃山空。

你應該即刻遠離的小氣情人

小氣的確不是罪，可單純視為價值觀的不同，而價值觀相異可以溝通協調。然而經過溝通協調後，情人仍不改本色，你就必須認知到，他這種金錢使用模式已經是根深蒂固的習慣，大概一輩子都是這樣。若你真希望享受高品質的約會，不如自行付帳。若是在你的觀念裡，約會就應由對方全額埋單，那麼你對他所能花費的金錢額度也沒什麼好抱怨的。不過有些小氣情人確實是你應該避之唯恐不及的：

1. 他需要你的資助

當你的小氣情人不只是花用小氣，還會反過來跟你借錢，或是希望你投資，就要小心了。一個好情人即使生活不好過，也不會立刻找另一伴幫忙，他會先找其他親朋好友想辦法，因為他還要面子，還想在你的面前表現得很上進堅強。會輕易向你開口借錢的人，基本上也不太介意花你的錢，偶爾為之還好，如果他還常常借錢不還，基本上就是個小白臉。

2. 他缺乏改善現況的行動力

因為家境的關係而小氣是可以理解的，但要留意情人是否成天將「反正大環境就是不好」掛在嘴邊，整天怨天尤人。如果他不是怪自己的爸爸不是王永慶，就是怪蒼天無眼、小人當道，那麼他僅是個不願意自省的人。畢竟貧窮並不可恥，可恥的是缺乏靠自己的力量做出改變的意願，倘若繼續和他走下去，你未來的生活將充滿怨氣。

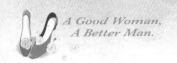

3.他花別人的錢不手軟

你的情人自己省吃儉用，但也不願占他人便宜，這樣還好，怕的是他總是希望別人多付出一點，自己好能省一點。朋友請吃飯第一個到，自己卻從來沒有回饋對方一次，這種人你就要小心了。他的朋友不會太多，畢竟「禮尚往來」是待人接物的基本道理，除了他的父母，不會有人能夠長期接受他的態度。就算你真願意忍受他的性格缺陷，因為缺乏願意相助的貴人，他在社會上的成就也將非常有限，並非值得考慮的對象。

大氣的情人格局較大，但跟著小氣情人也未必不幸福，重點在於他是否有改變貧窮現況的意願，若是他肯溝通妥協，並力求上進，那不失為值得投資的潛力股，畢竟只要有他在，缺乏麵包的愛情不會發生。

人生勝組

幸福教戰

別讓愛情敗給現實

其實不僅是和小氣情人交往，很多愛情故事都是兩個當事人愛得要命，卻敗給過程裡的非愛情因素。如何避免這種狀況發生？

盡早拜訪對方的父母

「見父母」不單純是認識對方家長，而是早點得知對方家庭對你的看法，及早解決彼此的矛盾。提早見父母也有一個好處，若是你的情人頗具異性緣，此舉可鞏固你的地位。

理性評估對方的性格

這一點很難做到，但熱戀期過後，請你一定要找個機會評估對方的性格和為人。我不是要你為分手而挑毛病，而是唯有隔著一段距離審視，你才會知道此段感情的盲點何在、未來會遇到什麼困難。

了解對方的未來規劃

例如，近期是否有進修的打算？是否會調動職務？想出國遊學嗎？這樣就可以及早協調彼此的人生，才不會全心投入後，卻發現兩個人的人生步調根本搭不上邊，愛得死去活來後，才感嘆在錯的時間遇見對的人。

老愛比較的討厭鬼

「比較」是人類社會裡常見的習性，孩童比誰的玩具跟得上流行、假日去哪兒玩，成人比事業薪水、孩子的成績。安妮的情人阿威也喜歡比來比去，老是說誰的女朋友比較高䠷、比較秀氣，就差沒將安妮的三圍尺寸一起拿來比。

安妮本來相當有自信，但自從和阿威交往後，她發現自己越來越自卑。安妮告誡自己別太小心眼，但阿威的這種態度，讓她不免懷疑自己是不是阿威無奈之下挑選的次級品？

雖然阿威並沒有強迫安妮改變，但那些比較的話語還是令安妮感到不是滋味。安妮認為阿威的「比較」行徑等於是變相地評斷她，完全不顧兩人之間相處的感覺，只在乎一個人的外在條件，所以曾試著向阿威溝通。

沒想到阿威聽完安妮的話之後，表示自己只不過是嘴上唸唸，安妮會難過，是因為她沒有度量。安妮覺得很不服氣，指責阿威太現實，於是兩人大吵了一架。

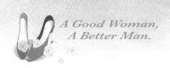

他為什麼愛比較？

愛比較之人不僅自己不快樂，也常令身邊的人鬱悶，因為「比較」會導出優劣勝敗。然而每個人都是獨一無二的個體，都有不同的特色與優點，真要相比，是永無盡頭。那麼，明知道「比較」如此的無聊，為什麼情人仍這麼愛比較呢？臨床心理學家梅蘭妮．葛林伯格指出「愛比較」的原因如下：

1. 自尊心過度脆弱

他的自尊心脆弱，以別人對他的評價和自己近期獲得的成就來建立自尊，因此他在不同人的面前，狀態也會不同。當他獲得肯定時，會產生優越感；當他碰到阻礙時，卻比一般人易感羞愧與自我懷疑，所以他也更易對自己的社會地位和表現感到焦慮。為確保自己與別人的水平一致，而非落於別人後，才會出現比較的行為。

2. 世界上的資源稀有

他認為，別人多得到一樣東西，就意味著他會少一件東西，所以才會產生嫉妒之心，並亟欲掌控一切事物，這是一種深層的不安全感。他可能有一對善於批判且好惡分明的父母，因此他忽略了人與人之間除了競爭之外，更需要連結合作，唯有透過更廣大的社會群體才能增加自己的資源。

3. 擁有自戀型人格

你會發現他有一點病態的自戀，會把他人看成是自己的反射或延伸，認為其他人都會羨慕他的成就，認為他人所做所為都是針對自己，或是認為所有人都是他通往成功之路上的阻礙。除自我中心之外，愛比較者還帶有反社會人格，他會想控制、欺騙、威脅他心中的假想敵。

4. 環境的影響

不論是何種工作環境，多多少少都會有競爭，職場向來鼓勵良性的競爭，因為這能促使企業達成更高的目標，但若是競爭強度沒有加以控管，為保衛自己的領土免於其他人的威脅，員工之間就會變得很愛比較。如果你的情人長期處在此種環境，自然積習難改。

最後還有一種心態是，他希望能獲得多一點的愛，因為想得到關注，所以不斷地談論他人的好，以傳達他是紆尊降貴與你交往的訊息，你不妨就可憐可憐他，對他好一點吧。

我是否該擔心情人「愛比較」的心態？

談戀愛不是上菜市場選水果，一定要挑到大顆又多汁飽滿的，愛情不全是建立在外在條件之上，兩個人之間的吸引力才是關鍵。所以面對情人的習慣性比較，你並不需要太煩惱，一旦你從不同的角度去理解他的作為，你就能清楚知道何時才該按下愛情的警鈴。

1. 比較對象的差異

請你觀察情人大部分的時間是拿你和誰比較？

如果他總是拿女神級別的人物與你相比，他不過是追星族而已。你自己的心中可能也有十分傾心，但絕不可能在一起的「天菜」。只是你不曾說出口，情人卻白目地坦誠相告，只要他跟他的女神交集不多，就一笑置之吧！

然而，他若是拿你和生活周遭的某個人比較，就要注意了，情人的心思是不是已經一點一滴地移到對方那裡去了呢？不管情人說對方僅是同事、老鄰居、老朋友，或是他們已經認識很久，根本不可能在一起，你都要留心一下他們的聯繫狀況。並要求情人減少和該位之間的聯繫，如果情人不願意，堅持要和對方保持你認為已經太超過的往來，那麼，很有可能你只是情人「不得不」的選擇，只要該位點頭答應，情人就會立刻轉移目標。

如果被拿來和朋友的女朋友比較，你的情人就是愛慕虛榮的人喔。因為不想輸，所以和朋友比事業、車款、社經地位，連另一伴都要攀比。

2. 注意比較的範圍

你的情人是針對你，還是他連自己的工作、身高、地位都拿出來超級比一比？如果是前者，那他對這段關係一定有不滿意之處，若是後者，就表示「比較」是他根深蒂固的習慣啦。極有可能他生長於喜愛攀比的家庭，以致養成非比不可的思維，定要用外在條件來滿足自己的成就感。要修正這種人的行為就會比較費時費力。

3. 注意比較的心態

情人拿你跟他人比較是希望你改進，你不改進他就唸到你改進為止，或只是隨口說說而已？就像人們看到一件美麗的藝術品時，隨口稱讚一句「真美」，但稱讚過後就拋諸於腦後，不會真想把它帶回家，也不影響現實生活。如果情人只是隨口稱讚其他女孩，你就當他在閒聊，不需要做任何回應，聽聽就算了。

若是前者就危險了，因為這代表他不喜歡原本的你，而喜歡改造過後的你。這些改造對你有益且無傷大雅，那倒也無妨，若這些改變對你來說太過困難，（例如你明明個性文靜，卻硬要你變交際花；你明明活潑，卻硬要你裝氣質。）那請你先問情人是不是認真的，若他回答是，該是你好好考慮這段感情之必要性的時候了。

杜絕情人「比較」的習性

每個人都希望自己在情人的心中獨一無二，不管情人是基於哪種心態拿他人跟你比較，總是讓人感到不舒服，脾氣較差的人甚至會因此大吵特吵，吼出「若你覺得他那麼好，不如就跟他在一起算了」之類的氣話，搞得雙方都不愉快。

氣話說多了對戀情毫無助益，情人也不會因此改過比較的習慣，那麼，究竟該如何杜絕情人愛比較的習性？

1. 找出問題根源

情人可能沒有發現他自己其實對這段戀情已經產生不滿之感，因此才藉外在的「比較」行為發洩。所以請你直接和情人懇談，找出問題的源頭，或仔細思考你們近期的相處過程裡有無怪異之處，是否讓情人覺得委屈了？

2. 以德報怨

你心想，情人既然那麼愛比較，你也拿其他男性和他一較高下。這種以牙還牙的作法不僅會引起不必要的爭執，也不會達到實際改變對方的效用。你應從增強他的自信心著手，讓他知道他的一切都不需要別人肯定。並告訴他：「我覺得你很獨特，不必透過相較，就已經很優秀，希望你不要懷疑自己選另一伴的眼光。」

3. 開闊他的視野

環境因素造成你的情人愛比較，那你就要幫助他脫離所處的小圈圈，讓他看看世界究竟有多大，一旦他親眼見識，自然就了解自己見識淺薄，正所謂：「人外有人，天外有天。」比較是永無止盡，不如輕鬆做自己更愉快。

人是群居動物，要完全杜絕「比較」的行為真有點困難，但你仍可視情況採取寬容的態度。如果他的行為已經影響到你對他的感情，你可以用上述方法導正，絕不要用「你拿我和其他人比，我也拿你和其他人比」的態度面對，感情淪落至此，就不具任何意義了。

人生勝組

幸福教戰

你吃著碗裡的，望著鍋裡的

戀愛難免會有由絢爛歸於平淡的一天。有些人能習慣老夫老妻的模式，但你卻開始拿其他人和情人比較，當你出現這種行為時該怎麼辦？

多想想甜蜜回憶

你們的戀愛總不會全部都乏善可陳，定會有值得回憶的甜蜜情節，每當你起心動念時，就多看看那些甜蜜合照、禮物與信件，引發珍惜的感受，提醒自己這是一份很甜蜜的愛情。

解決問題的意願

既然你覺得別人的情人比較好，肯定並非毫無原由，你是覺得情人哪裡有問題呢？可以改善的狀況請你直接談開，好過獨自在心中不滿，說開後就直接把這個想法拋諸腦後吧！採取實際行動才是重點。

多看情人優點

反正都要比較了，就來比點不同的吧！來比情人優於其他人的地方。一個人不會沒有任何優點，這種良性的比較何樂不為？盡量比，無所謂。

沒安打就想盜壘的猴急哥

佳欣有個交往半年的男朋友成功，兩人相處愉快。然而佳欣最近卻為了婚前性行為的問題而感到煩惱，因為她在保守的家庭裡長大，所以對於這種事情不是很認同，況且她也覺得兩人的感情尚未親密到此地步。

雖然佳欣知道很多人都覺得「感覺對了，有何不可」，但她還是覺得按部就班比較好。當成功因此對她越來越冷淡時，佳欣不免心想，成功和她交往說不定只是為得到她的身體，而感到十分傷心……。

性為何對男人如此重要？

相信不少女性都認為男人腦中所想的只有「性」，尤其是吃過虧、被劈腿、被拋棄過的女人。美國性教育學家雀莉．柏德指出，性愛確實對男人很重要。至於為何這麼重要，各國的研究報告列出以下理由：

1. 為使自身的基因得以流傳

瑞士研究人員說，在進化的過程裡，男性為求基因得以流傳，為繁衍下一代，不惜大打出手，甚至付出生命以取得交配權，讓自己的基因不致被淘汰，所以性行為對希望自身基因能夠流傳的男性才會如此重要。即使社會演變至今，男人不一定要爭風吃醋、大打一場才能夠取得性愛，但仍需時時充實自己，增加自己的優勢，才可能獲得繁衍下一代的機會。

2. 性行為可促進健康

而英國利物浦尖塔醫院的性健康研究發現，性愛可以幫助男性降低罹患前列腺癌的風險、讓精子更新鮮，還可以保護視力和心臟健康而更長壽。由此可知適度的性行為有助健康。

3. 代表男性尊嚴

無論東方或是西方社會，自古以來，男人就把「性」當成自我能力與成就的表徵。如果一個男人的性能力差勁，就會被看作失敗者，而不管是哪一國的男人，被嘲弄取笑性能力，他必定會勃然大怒。

可見「性」之於男人真的重要無比。但值得慶幸的是，「性」與「感情」並非完全對立，多數男人其實更渴望性愛合一，性愛分離不是每位男士的選擇，畢竟他已經進化成人類，可以用理智控制自己對性的渴望。簡而言之，並非舉凡男性就會展現出急色的一面。

為何他一直想「趕進度」？

既然男人不全是用下半身思考，為什麼許多人都沒有耐心品嚐精神戀愛的可貴，緩緩地為戀情加溫，在雙方都能接受的自然狀態下發生親密關係呢？反而對認識不久的女性提出要求，弄得雙方都尷尬。

其實每個人渴求親密關係的理由不同，並非單一個「精蟲上腦」的簡單定論就可以概括，所以你應該先了解是什麼原因導致男人非要跨越精神戀愛的階段不可。

1. 急於確定關係

對他來說，一段關係的穩定度取決於女方對肢體碰觸的接受度。他不認為兩人互表心意，或是牽牽小手就稱得上情侶，他非要完完全全擁有你才會心安，覺得關係已經穩定下來，不會再有程咬金殺出來作怪。

所以，如果你的人緣很好，同時有多位追求者，你的情人很有可能就是基於這種心態而急著想趕進度，以絕後患。他對你不是毫無真心，只是表達的手段讓人難以接受罷了。

2.想知道彼此的肢體是否協調

「性」佔了婚姻生活不少的比重，所以他無法忍受在性愛方面無法與自己配合的情人，他會在婚前使出千方百計，就為得知情人的性表現如何？若你的表現差強人意，協調無果，他極可能選擇分手。此種男人不會把愛情看成天長地久，但這不代表他很隨便，任何一個女人都可以和他「試一試」。

3.認為這是情人的義務

有不少人認為情人除了陪伴照顧自己與共享生活之外，還包括發生親密關係的義務，若情人不提供這種「服務」，那他可就虧大了！所以一旦他找到情人，唯有發生關係才「值回票價」。這類型的人對男女朋友之外的人還算是守禮的君子，因為只有喜歡的人才會被他要求。

4. 單純想得到肉體的滿足

他只用下半身思考，一看到長相與身材在標準之內的目標物，而對方也願意和他發生親密關係，他絕不會拒絕。對他而言，「成為情人」是發生關係的前奏，最終目的是獲得肉體上的滿足。一般來說是年紀非常輕的男孩較易有此心態。

除了最後這種腦袋發育未全的男性，其他想趕進度的男人都不是大問題。

延長精神戀愛才是王道

如果你遇到的是來者不拒的「狼人」，而非值得真心守候的「良人」，除非你一開始就明白你們之間的連結只有「性」，無論現在或未來都不會突然冒出「愛」，那你確實可以像找對手打網球一樣，單純享受「性」本身，將之當成人生中的美麗插曲。然而，你若發現自己已經無法從中獲得滿足感，而會牽掛這隻狼人，為他難過，為他哭，那就到了該結束之時。

純情保守的你面對狼人時請勿犧牲奉獻、試圖感動對方，不要傻傻地以為日久定會生情，更別將自己當作王寶釧，苦守變調的戀情，希望十八年後會有轉機。

想知道自己今年是否犯太歲而戀上狼人的方法很簡單，狼人展開追求的時間通常不長，因為他們的目的不是了解你、和你共同生活，他們發現短期之內沒有搞頭，一定馬上閃人。畢竟天下美女何其多，不差你一個。所以，你應該延長精神戀愛的時間，如果你的情人連半年都撐不下去，就想直奔本壘，或是在你稍微拒絕後，就以冷淡的態度懲罰你，那他就是你該踢出門的狼人。倘若他願在你不獻出身體的狀況下，花心思陪伴你，你就能肯定這個男人的大腦發育完全。

三種態度安撫猴急情人

你強求對方連碰都不能碰你，否則就視之為禽獸，其實也是一件頗為過分的事情，畢竟想要親近自己心愛的情人是人之常情。尤其是約會時，要求對方正襟危坐、不越雷池一步，連小手都不能碰，絕對是違反常理。

當你們之間的性觀念有落差，他直奔本壘的腳步快到讓你措手不急時，你可採取以下方法放慢他的進度，撫平他的急躁。

1. 大方地表達愛意

日常生活中盡量表達你對情人的關心與愛意，常常稱讚他、關心他的工作與日常起居，對其他追求者不假辭色。因為你的表現而感到放心，情人就不會心慌意亂

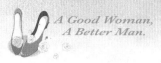

地想要得到你的身體，迫使戀愛進度超前。

當情人說「愛我就給我」時，這個方法能讓他無話可說，畢竟你都已經透過許多方式表達自己的愛了，他再堅持下去，也只是證明他毫無尊重之心。

2. 堅定立場

當他對你提出要求時，你表現得不勝嬌羞與猶疑不定，甚至在他說服你「其他情侶都是這樣」時，你就覺得自己是個異類，應該要跟隨潮流，所以始終沒有堅定地表明立場。這樣的表現會帶給他人「你能被說動」的觀感。紳士會持續討好，以軟化你的心，沒風度之人會直白地耳提面命，不管是哪一種情形，都會讓你不勝其煩。因此乾脆就一次讓他狠狠地踢到鐵板吧！以嚴肅的神情鄭重說明，杜絕後患。

3. 坦白說出自己顧慮

你是因為家教嚴謹，還是覺得感情的地基尚未打穩？或是因為宗教信仰而無法答應他的請求？唯有知道原因，情人才能理解、體諒你的選擇，若你單純地拒絕且不做任何解釋，日子久了，他會因為不斷受挫而感心灰意冷，甚至對你產生懷疑。

誠懇地坦言自己的心情、表明心跡，並告訴情人你「目前」無法接受親密關係，而希望能用心經營這一段神聖的感情，別放縱慾望淹沒理智，同時也期待他一起慢慢品味愛情，而非一次達陣。相信所有男士都可以接受這種溫和的理由，進而尊重你的選擇。

性不性？個人選擇

婚前性行為一直是頗具爭議性的話題，有的人覺得無所謂，戀人之間情投意合即可，有的人嚴肅以待，絲毫沒有討價還價的空間。其實沒有絕對的是與非，純粹是個人的選擇不同而已。

無論最後你是選擇配合情人加速戀情進度，或是依然堅持底線，身體的掌控權屬於你，你當然可以依照自己的感覺做決定。然而這也意味著你必須對自己的決定負責，既然決定要做，就不要誠惶誠恐，擔心情人事後拋棄自己，如果有「被拋棄」的顧慮，就堅守最後一道防線，以免最後你的壓力過大，情人也不好過，結果發生關係之後，戀情反而變調。

兩個人對戀情的進度沒有共識，唯有溝通才能避免誤會叢生，心不甘情不願地趕進度只會使感情更差，而沒有錦上添花的可能。

人生勝組
幸福教戰

如何迴避情人提出的性要求

你不想這麼早就發生親密關係，也不喜歡情人向你提及這個尷尬問題，你可採用以下方法暗示他別再開口。

慎選約會地點

遊玩時不要選擇過夜行程，不要於對方獨自在家時拜訪，因為這都是提出「發生關係」的契機。如果你連提出要求的機會都不給，相信情人自會領悟。

借他人之口

可以假借「朋友跟我說」、「報章雜誌上寫」來說明自己的想法，暗示自己傾向拒絕婚前性行為。一旦他了解你的觀點，就不敢貿然地提出要求。如此一來，你就能避開直接拒絕對方的尷尬情況。

自設宵禁

一開始就要表明自己的家教甚嚴，父母規定你幾點之前要回家，並盡量縮短約會的時間，一開始的立場明確，對方自會明白你成長於傳統保守的家庭，這麼要求你只會造成他無法承擔的後果。

愛問「你會不會娶我」的結婚狂

社會主流認為女人應該盡早有個歸宿，對已過適婚年齡卻仍待字閨中的女性並不友善。

宜君只要一談戀愛，就會將對方納入自己的人生規劃中，和現任的情人國華也不例外。年紀逼近三十大關的宜君和國華交往已一年多，她開始試著在每次約會時把話題轉到「結婚生子」，然而國華的回應始終如一：他希望在職場上多打拼幾年，再來談結婚。

宜君覺得這只是國華的藉口，因為她對物質的要求很低，並認為只要兩人夠相愛，就可以攜手度過人生路上的風風雨雨。但國華可沒這麼樂觀，他覺得人生之路充滿變數，以他目前的存款來說，根本無法撐起成家可能帶來的不確定因，所以他寧願先拚幾年，再給宜君一個體面的婚禮。

宜君始終認為國華只是推託其詞，總歸一句就是他們的感情還不足以成婚，所以宜君開始考慮跟國華分手。

錯誤的逼婚心態

堅定不婚不生的女性多數都必須面對種種排山倒海的壓力，而這種壓力促使她們做出錯誤的抉擇，開始向情人逼婚。

其實結婚是很實際的事，不是五星級飯店跟九百九十九朵玫瑰的盛大求婚而已，它和「愛情」的關係甚至比你想像得少。結婚，說穿了就是兩個合適的人決定一起過下半輩子，所以如果你對結婚懷有以下期待，你必定會失望。

1. 婚姻夢幻化

有的女孩受連續劇和小說影響，以為結婚就是單純的兩人世界，抱著彼此喊愛愛愛愛愛，就能溫飽，並且過著幸福快樂的日子。如果你對婚姻抱持這種心態，婚後定會大失所望，因為白馬王子可能穿著汗衫、短褲，你更需為水電費帳單共體時艱，甚至面對一家老小之間的種種矛盾關係，婚前想不到的尷尬問題都會出現。

2. 婚姻萬能化

部分女孩在感受不到原生家庭的溫暖或遭遇工作不如意時，會產生「乾脆結婚算了」的念頭，把婚姻當成避風港，期待良人為自己解決一切，而自己僅需心無旁蠶地打理家庭就好，所有問題留給男人煩惱。然而「婚姻」是新生活的開始，新生活意味著新問題，就算婚後不在外就業，也需要學習如何持家，妥善經營一個家絕對不是一個腦袋空空的人可以勝任的工作。「人妻」是表面簡單，實際上複雜多變的角色。

3.婚姻必要化

女性通常會思考「要跟誰結婚」以及「何時結婚」，但較少思索婚姻之於自己的價值。這是很危險的一件事。一旦你踏入整體社會佈下的陷阱，去質疑情人為何不求婚、何時要結婚時，你將在不知不覺間忽略了自己的真實需求，也就是你真的「適合婚姻嗎」、「準備好進入婚姻了嗎」，甚或是思考「目前的對象適不適合自己」？將婚姻視為必要的前提，並設下時間限制，就易成為人見人怕的逼婚狂，而且難以掌握婚姻的品質。

當你確定自己沒有這三種迷思，並確保你對「結婚」有正確的理解，再去催促情人籌備結婚事宜。有許多女孩像故事裡的宜君一樣，盲目追求婚姻而逼婚，逼婚不成就分手，轉而選擇有意盡速結婚的男人，好完成結婚這個「任務」。德克薩斯大學的心理學教授泰德·休斯頓的研究表明，如果婚前戀愛的時間不長，新人們在全面了解了真實的「愛人」後，婚姻將會變得非常脆弱。一旦明白這點，你應該更能清醒地面對「結婚」這個議題。

其實，婚姻的目的在於與適合的對象一起生活，重點是「對象」，而非「結婚」本身，假使對方不是能夠共度一生的人，或是值得共度一生的人遲遲沒有出現，根本沒有必要結婚。閃婚或為結婚而結婚，才是愛情的墳墓。

恐婚男的心態

你已經確認自己對婚姻的理解健康正確，那就可以將婚姻納入你的人生規劃，並和情人商量婚姻相關的具體問題，例如他認為適當的結婚時機點為何？什麼時候該引薦雙方家長認識？

倘若情人遲遲不肯談論相關事項，甚至當你一提及上述問題，他就避重就輕、轉移話題，或是只開空頭支票，他不一定是負心漢，而可能是出自以下原因：

1.不信任婚姻

現代婚姻不如古早時代穩固，外遇、經濟以及婆媳等難解的習題讓情人們退避三舍，覺得還不如單身來得無憂無慮。再加上大眾媒體推波助瀾，公眾人物結婚、離婚猶如家常便飯，無怪乎你的情人對結婚興趣缺缺。

2. 他是一匹不喜受縛的野馬

他天性熱愛自由，伴隨結婚而來的責任和義務對他來說實在太多，不光是犧牲自我空間，還必須和他人共享一切。反觀外面的世界多采多姿，還有很多美麗的女性待他認識，還有很多新鮮的事物沒有嘗試，所以他當然選擇維持現狀，何必用婚姻的韁繩綁住自己驛動的心？

3. 高品質的婚姻要求

他對婚姻生活的期望很高，所以總覺得自己目前的狀態還不夠好，沒有資格結婚，於是婚期也就一日拖過一日，在他做好萬全周到的準備之前，要說服他突破那層理想的障礙相當困難。

既然如此，你該如何讓結婚恐懼症患者拋棄疑慮，最終步入禮堂呢？「結婚」不管被全世界包裝得多麼漂亮，說穿了就是生活型態的選擇之一，當

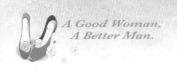

兩人對未來的生活型態認知迴異，彼此的理想結婚時機自然也難有交集。

因此，一旦發現情人不願踏入婚姻，就認定對方是有承諾恐懼症或是用情不深，其實也不必要，因為男人雖然此刻不想結婚，絕大多數都只是成家立業的渴望尚未覺醒而已，或是萬事俱備只欠東風，需要你推他一把。「推他一把」並非單方面施壓，而是針對他恐懼的原因採取行動。畢竟想結婚的人是你，你若不願付出努力，只等著恐婚男自個兒開竅，才是不切實際的那一人。

婚前溝通事項

即使兩人同有踏入婚姻的衝動，有很多議題仍需事先取得共識，因為「愛得盲目」的神仙眷侶們大多會將藍圖畫得很漂亮，如同看新房時只見天花板的雕梁畫棟，不見地面磁磚的陳舊裂縫，結果因為婚姻生活與期望落差太大而發生爭執。所以，每個許定終身的戀人們都應該和未來伴侶認真談談以下問題，釐清彼此的期望，以免婚後才發現一切只是美麗的誤會。

1. 家計如何分擔？

有人就有是非，是非又多圍繞金錢而生，所以你們要未雨綢繆，如同執行專案一般，事前就收支議題多加討論與研擬方案。比方說，婚後是夫妻其中一人外出工作即可，或是成為雙薪家庭？若是雙薪家庭，生活費是均分，還是按薪水比例支出？是租屋或買房？又是誰負擔房貸租金？金錢問題談起來瑣碎又尷尬，但卻是一段婚姻的穩定因素，所以要盡可能地釐清，以免屆時因認知不同而引發爭端。

2. 採取何種生活型態？

你們結婚之後住哪裡呢？是與其中一方的父母同住，還是自組兩人世界？有沒有養兒育女的計畫？孩子未來是就讀公立學校，抑或是私校？財務由誰規劃管理？如果沒有在婚前提出各自心中理想的生活型態，相互溝通，光憑兩人攜手一定能克服萬難的熱情而結婚，婚姻恐怕岌岌可危。

3. 對興趣嗜好的容忍程度？

只要財力與時間允許，單身貴族們可以毫無顧忌地投入心力於嗜好上，但是婚後你的思考出發點將從「我」變成「我們」，事情就不是憨人所想得那麼簡單了。你很喜歡油畫，從前的每個假日晚上都會去畫室，結婚之後，你有一半的時間必須撥給伴侶，所以你是否還有閒暇餘裕呢？你很喜歡攝影，婚前購買鏡頭不手軟，婚後你的伴侶能否接受「鏡頭之於你，就跟柏金包之於她一樣重要」的理由呢？這都是你必須在婚前向對方再三確認的事，至少要知道對方可以接受的範圍有多廣。

這三個部分有共識，談及「結婚」才有意義，若不清不楚地就趕鴨子上架，婚後吵架時伴侶丟出這麼一句：「當初要不是你逼我，我也不想結婚！」你準會氣到差點吐血而亡。

況且藉由雙方的溝通，你才可以了解情人遲遲不肯步入禮堂的癥結點何在，如此一來即可對症下藥，否則就算用盡所有技巧逼婚，沒有搔到癢處，情人恐怕不肯輕易就範。

總之，逼婚並非不可以，但過度飢渴會害自己識人不清，錯把青蛙當王子。而戀人們對婚姻生活還未取得共識時就盲目結婚，就像搞不清楚狀況直接往火場衝般不要命。所以，盡其所能地讓彼此成為有緣有分的情侶，面對結婚時機沒有交集，還是要理性談妥彼此都可接受的方案，否則因為情人還不願結婚，就直接將其歸納為爛人，情人也真是無辜。

人生勝組

幸福教戰

勾引情人步入禮堂的小心機

如果你們的愛情已經長跑很久很久，你該如何聰明且不傷感情地提起結婚這檔事呢？

♡由長輩出面

邀請情人到家裡作客，並事先請父母屆時提起婚事，若情人早有意願結婚，就會附和，如果對方覺得「事業未成，何以為家」，你也可以退一步，把責任推到父母身上，對方也就不會覺得你在逼他。

♡讓對方感受「家」的溫馨

你平常可以任性嬌嗔，但偶爾可以做一桌好菜，努力塑造「賢妻的形象」，讓情人知道，如果把你娶回家，你絕對會是個好老婆。

♡欲擒故縱法

向情人提出結婚的意願，若對方不予理會，你就開始參加相親聯誼的活動。若他真有誠心，會做出具體承諾，若他絲毫不在意，繼續這段感情也沒有意思，你就下定決心分手，給自己一個新的開始吧！

Part 3

顯性爛情人
愛面族

他追求完美，近乎苛求。

他認為世界就要繞著他的標準而轉，

總是將你當作需要教育的小學生。

你必須開闊他的視野、帶領他走出自我的狹小世界，

讓他領悟人生其實沒有標準答案，

最終學會尊重所有不同的聲音。

不住在地球上的文青外星人

年少而輕狂可以被容忍，但是一個把腦內知識當作炫耀資本的社會人，就真的不太可愛了。

柳燕燕從沒想過自己能交到像齊家如此出眾的男朋友，齊家斯文且博覽群書，然而和他在一起，燕燕總是備感壓力。因為齊家三不五時就會把話題轉到燕燕毫不熟悉的領域，然後再用驚訝的眼神看著她說道：「什麼？這你也不知道？」當下讓燕燕羞得兩頰發紅，覺得自己簡直是無知的村姑。

除此之外，燕燕發現自己可以接受齊家聽歌劇、寫文章的興趣，但是當燕燕想窩在家裡看無厘頭的喜劇時，齊家就會暗指她的興趣很無腦、低俗，讓燕燕相當受傷。

憂鬱善感也是齊家的標誌，很多沒什麼大不了的事，齊家也可以長噓短嘆。他探討愛情真諦的文章寫得很好，引來一堆人按讚，但就是紙上談兵，說得一口好菜。日子久了，燕燕覺得和這種外來物種交往，其實也很困擾。

文青辨識要點

現實生活的壓力，加上帳單如雪花般飛來，我們難有時間思索探討人生與愛情的意義，因為不如想想這個月的房租能否繳出來比較實際。

然而，有少數聰明伶俐的天之驕子在應付生活之餘，還有心力探討宇宙的真理，我要談論的文青就是這種天之驕子（至於那種把生活弄得一團糟的「創作才子」，請見本書〈全身上下只剩才藝的才子〉）。這種天之驕子型的文青有以下幾項特色：

1. 浪漫且刻骨銘心的愛情觀

文青外星人的愛情認知來自他所接觸的經典文學與戲劇，他以為愛就該熾熱濃烈、就該驚天動地，如果你們的感情一路順遂，文青外星人就會覺得少了一味，若你們的情路坎坷，有相差極大的家庭背景、雙方父母強力反對，反而會讓他愛得起勁痛快。所以被文青外星人愛上時，你要仔細區分，他究竟是愛上你、愛上他想像中的你，或是愛上愛情轟轟烈烈的滋味？

你會疑惑地想：「天啊，真有這麼複雜嗎？」別懷疑，因為文青外星人本就具有纖細敏銳的心，情緒感受力強，所以在愛情當中添加過多的糾結也無可厚非，更多時候你會發現，其實他們根本是關起溝通之門，自己獨演戀愛的小劇場。

2.他與眾不同

文青不喜歡俗氣銅臭的大眾化的裝扮，他崇尚簡約。文青不見得享受鶴立雞群的感覺，但一定喜歡表現得和別人不一樣（是的，有點矛盾），他自詡為社會的一股清流，絕不人云亦云，就算你覺得天經地義的道理，他仍是咀嚼再三，思慮不轉十八個彎就對不起自己，最後認真地以長篇大論分析並總結。這其實並非壞事，但過度跟他較真的話，累的人絕對是你，所以當他的情人，你不必聽懂他的每一句話、弄清他的所有思路，只要在他的表現欲發作時，由著他就好。不必氣餒自己無法理解他的腦內世界，因為搞不好連他都不懂自己。

3.眾人皆醉，我獨醒

愛上文青外星人要有一個覺悟，就是接受他不食人間煙火的氣息。少有大眾主流文化會成為他的選擇，假使你對非主流文化有所涉獵，保證他會對你產生尋獲知音之感。你剛好吐出幾句他們認為「有深度」的話，管它是隨口說說、剛從報紙看到、蹲廁所時突然想到，你都會成為他心中的女神。

反之，你只是對文青外星人的星球很感興趣，並非同道中人，那你勢必得忍受他把你當小孩子教育，他會期待你提升自己的品味，當然，品味的標準由他決定。

4. 不見得有傲氣，但定有傲骨

不管你交往中的這個文青外星人外表多謙和，他的內心多少隱藏著自傲，他有自己的想法，並且絕對信奉的一套理念，當你要說服他的時候，不要用「大家都這樣做」、「很多人都這樣認為」的勸詞，因為認定自己優於一般大眾的他第一時間就會將你的觀點拒之門外，單純以情理說服即可。記住，你越是要他從眾，他越是不會這麼做。

此外，別被他有如和煦陽光的笑容給騙了，他不一定和藹可親，也別以為沒看過他發脾氣，欺負他就無所謂。因為當你壓到他的底線，我想你會立刻發現他強勢、得理不饒人的一面，踢到鐵板的你可是會被他狠涮一頓。

和文青相處的小祕訣

無法理解文青這種外星生物倒也還好，因為身為情人的你責任並非研究他的思考脈絡，而是好好地相處即可。畢竟要是兩人真處不來，就算你多有智慧，你們多匹配都沒用。

所以文青的最佳搭檔不是另一位飽讀詩書的才女，因為這兩個人太相似，太清楚彼此的弱點，而是一位懂得順著他的毛摸的平凡女子。那麼該如何順利地跟文青相處呢？

1. 展現真實自我

不必因為對象是個文青，表現自己時就綁手綁腳，不需要故作莫測高深、高知識份子，或是高品味，因為這樣做並非長久之道。一個人的文化與涵養是裝不來的，喬裝成不像自己的另一人，只是迎合他對情人的理想，這樣一來他愛上的人不是真正的你，所以適時地展現真我還是比較踏實一點。

當你發現他將非真實的你當成他的謬思女神時，你就要趕緊讓他從幻夢中醒來，否則拖得越久，他屆時的打擊越大，你也愛得既累又難受。如果你展現真實的自我後，卻不被文青外星人接受，你可觀察他理想戀人的形象和真實的自己到底差多遠，只差一點，其實仍能稍做改變（當然，要你心甘情願），倘若天差地遠，還是放手讓他找尋真正的青鳥吧。

2. 拒當應聲蟲

我可以毫不諱言地說，你的文青情人若不巧長相不錯，鶯鶯燕燕圍繞著他也不足為奇，雖然很讓人氣惱，不過你無法阻止任何人喜歡你的文青情人，生氣無用。所以不要把重心放在那些令人眼花撩亂的女人，而是放在你和情人之間的感情，你要將自己與她們做出區別。

如何樹立你的特殊地位？想讓自己從崇拜者中跳出來，最好的方法就是別順著他的話說，讓他知道你是一個有想法的人，世界上並非只有他具備思考能力，能夠做至此，在他眼中，你就不會僅是個小粉絲。

3. 展現自己的優勢

文青的愛情認知浪漫，但相處起來卻不見得詩情畫意，嘴巴毒辣的文青多的是，甚至會把「刻薄」當「機智」，對你露出「你怎麼如此無知」的輕蔑神情，或是毫不留情地嫌棄你孤陋寡聞。

當你遭受批評時，勿羞愧沮喪，因為文青外星人懂得本來就跟地球人不一樣，你只要展示出自己的專長，就算不同領域也無妨，目的是壓下他過盛的氣焰。畢竟術業有專攻，你的文青情人不可能全知全能，請你多看看自己的優點，替自己加油打氣吧！唯有建立自信，才能在這段戀愛裡取得平等地位。

4. 當個處理日常事務的達人

書本上的知識他很熟悉，但日常生活的技能就另當別論了，他可能對國際政經局勢說得頭頭是道，但連煮麵填飽肚子都不會。這樣的人身邊需要一個熟習日常事務的能幹經紀人，協助處理他不擅長的人際關係或是財務規劃之類的問題，讓他無後顧之憂地繼續「文藝」下去。既然他談理論，你就負責實踐，如此一來，他身邊就缺少不了你。

總而言之，和文青戀愛絕不是他讀書寫詩，你和他互相唱和的景象。這類外星人確實不算太好相處，但是只要你摸清楚他的性格，這次的戀情或許會是你戀愛史中最有質感的一次喔。

人生勝組
幸福教戰

應付文青的「愛情」問題

文青之所以是文青，就是比起正視現實生活的你，他更喜歡思索，並且總是拿他自己的空泛定義來衡量你們之間的感情，此時你該怎麼辦？

加入討論

當你發現文青情人又在談論愛情的定義，不必認真回答，因為你不是要和他玩文字遊戲，但你可以藉此提及自己的感情觀，以及希望情人如何對待自己。這種話題對情侶來說更具建設性。

別把他的情緒加諸於己

看見情人傷春悲秋，就擔心他所愛非己？其實你大可不必將他的情緒放在心上，因為文青的心情起伏本就較大，如果硬將自己的情緒和他的情緒繫在一起，痛苦的只是自己，神經大條點吧！

抑止他的想像力

當文青開始思考愛情的定義時，恐怕是覺得你們之間的感情有點不對勁，所以你不該冷戰、假裝沒事，應該盡快面對面懇談，別讓他的聯想力無限發揮。

一點都不完美的完美精神症候群

完美主義者希望別人能了解、配合自己的完美主義，殊不知人世間的「圓滿」比「完美」更重要，自己與他人之間的需求達到平衡，才是人與人長久相處的要訣。

伍書慧的男朋友葉治國自律甚嚴，書慧看過他對工作吹毛求疵的模樣，但沒想到面對自己的女朋友，治國居然一樣採取高標準。

交往期間，書慧不曾聽過治國稱讚她，書慧並非想要治國說些不切實際的甜言蜜語，只是需要小小的肯定，但治國連這都吝於給予，還不斷要求書慧「自我成長」，不要像時下的草包美女，外表好看，腦袋空空。這種需要不斷「上進」的感情讓書慧覺得疲憊又無趣。

完美主義者並不完美

完美主義不算心理疾病，而是一種人格特質，但這種人格特質對於人際關係和健康的影響甚大。一般來說，完美主義者常是孤寂的，因為他看什麼都覺得不滿意、有缺陷，總是用過高的標準要求他人和自己。由臨床心理學及心理治療學博士佩托拉．威爾茲育所進行的一項研究顯示，日常生活中，完美主義者更易於產生壓力，可以說，他們本身就是一個筋疲力竭的壓力鍋，而這種過大的壓力又與憂鬱症、文明疾病脫不了關係。

完美主義者有三種類型，一是對自己和他人皆要求完美；二是嚴以律己，寬以待人；最後一種，就是只要求他人而不懂得要求自己。然而不管是哪一種類型，都會造成周遭的人精神耗弱。

除非他學會接受失敗，並明白現實的侷限性，要求「目前所能做到的完美」，否則「完美主義」僅是一場災難。

病態完美主義的徵兆

確實，一個能適度鞭策自我的情人值得交往，所以你的情人要求完美不一定是件壞事。然而，一旦你發現情人擁有以下特質的時候，你就要特別注意，以免他逐漸往負面與病態之路走。

1. 遇事就耽擱拖延

負面的完美主義者做事力求完美，對他們來說浪費時間並不算什麼，只要能做出最完美的決定就好。然而，完美的追求永無止無盡，現實的事務卻幾乎都有時效性，所以最後他們只是在堆積延誤一項又一項的工作而已。

你發現情人在擬定假日計畫時耗時過長，無法忍受任何差池，連衣著服飾都要講究，不必懷疑，他對完美的追求已經到了需要警戒的程度。

2. 他無法面對失敗

過度的完美主義將導致一個人禁不起失敗或是拒絕，當你發現情人經常因小挫折而感氣餒時，務必謹慎，因為這種不容被拒絕，以及難以接受失敗的個性，很容易成為恐怖情人，在和這類情人溝通、吵架或是分手時，都要特別注意自身安全。

3. 非黑即白的絕對觀念

他認為凡事只有最好和最壞，沒有中間地帶，導致他的行為較為極端。這種擁有「寧為玉碎，不為瓦全」的性格、太過篤信自己的理念、不認為世界上還有其他價值觀存在的人，通常難以溝通。

4.他是個工作狂

別訝異，很多完美主義者都是工作狂，即使他現階段沒有經營自己的事業，也會全心投入一項他認為值得奮鬥的目標，然而狂熱過度、不懂得在工作與娛樂之間取得平衡，就易因壓力與過勞而影響健康。若你的情人是這種完美主義者，與其抱怨他為什麼總是加班（這只會讓他覺得你什麼都不懂而感厭煩），不如以行動關心他的健康，讓他知道你雖然支持，但仍會憂心，他自然而然就會想辦法取得平衡。

修正完美主義性格

你的情人有以上四項特質嗎？這表示他的狀態已不再穩定，需要你施加一點小技巧，協助他成為更好相處且快樂的完美主義者，而你可以從下列方向著手：

1.引導他分析「完美」的弊病

前面我提過，完美主義者常常毫不留情地批判自己或他人，定下沒有人能達到的高標，導致他看事情的角度偏向悲觀負面。所以你要站在更客觀的角度引導他分析事情的樂觀面。把堅持完美的優點和缺點一一列在紙上，不失為一個好方法，不久他就會發現這種追求是多麼徒勞，並避免繼續鑽牛角尖。

2.拓展多元想法

當情人又因為追求完美而陷入緊張與自責時，你要主動請幾個人和他會談，讓情人從他人對他的評價中得知，他沒有自己想得這麼糟糕。以多元的想法中和他的負面思緒，情人就更易從低潮中走出。

你要讓情人知道失敗也有其正面價值，他應該記取失敗的教訓，而非不斷放大「我失敗了」的事實，導致最後過於失志。

3.勇於說出自己的看法

當你被情人批評不知長進時，無須覺得自己一無是處，急於依照他的建議提升自我。記住，他的觀點並非絕對正確，一旦你被他牽著鼻子走，就永遠無法真正地成長。唯有你自己去探索自己、理解自己需求，並打從心底願意為其付出努力，你才能成為更好的人，如果僅憑情人的一句話就進修念書，你不過是在為他而活。所以正面說出你的想法就相對重要，你必須讓他明白，你不是隨意讓人打扮的芭比娃娃。

向完美主義者提出批評的注意事項

想必你已經發現了，完美主義情人一遭受批評，就會豎起滿身的刺，你本來是就事論事，結果被他變成可怕的意氣之爭。所以與他溝通時，你應該如何啟齒，才不會引起他過度激烈的反應？

1. 指出缺點前，先稱讚他

先讚美他的優勢，然後再把話題轉到你希望他改善的地方，對方聽到批評時的反應就不會這麼大。最好是舉出他多項好處之後，再提出他需要改進的一項缺點，你稱讚他的地方越多，他對批評的接受度就越高。

2. 你的態度很重要

溝通時不要像老師教導學生似的，一臉嚴肅地請對方乖乖坐好，聆聽你的批評指教，也別用主管對下屬僵硬又公事公辦的口吻。最好選擇花前月下氣氛良好，兩人相依相偎之時，再輕聲細語地說一些好聽話，然後委婉地提起你希望對方改進之處。保證效果良好，絕不傷害感情！

3. 避免情緒化字眼

你時常用「每次你都……」、「你老是……」這種誇飾修辭開啟話題，無怪乎引起對方反抗的情緒。請你就一件實際發生過的事情和他討論，並將重點放在自己受傷的情緒。舉例來說，當你希望他不要批評你的打扮時，別過於戲劇化地說：「你老是對我的打扮不滿意，是不是看我不順眼？」你只須說道：「我覺得自己的打扮還不錯，你這樣批評我，我會難過。」

4. 告訴他：「人性化的你更可愛。」

當你的完美主義情人不小心犯錯的時候，即使全世界的人都大驚小怪，你也要絕對淡定，最好是輕描淡寫地帶過。如果可以的話，請你再進一步告訴他，偶爾的不完美反而使他更顯人性化、更可愛與平易近人。如此一來，情人就能夠輕鬆地面對自己的小缺點囉。

要求完美的人相處起來真不是普通的辛苦，但值得慶幸的是，情人懂得自我要求，總比毫無要求的好，只要你能幫助他降低要求的標準、學會適時地放鬆自己，這段感情的前景還是可以期待喔！

人生勝組
幸福教戰

如何掩飾自己的完美主義

一個太過完美的人，對伴侶來說絕對是一種壓力，讓人見了就想逃。所以該如何適當地展現自己，拉近和交往對象的距離？

不要挑剔任何人

在剛交往的對象面前，請你不要批評任何人。當你開始挑剔他人的缺陷，只會讓自己顯得面目醜陋，交往對象也會默默檢查自己是否有這些缺點，而被你的高標準嚇跑，認為你難相處。

學著融入對方生活

無論男女，其實都會對有相同生活習慣或成長環境的人產生好感。如果對方的興趣是看喜劇，你可藉此開啟話題。融入對方的生活是展現親切感的關鍵，欣賞他的興趣，相信你們之間會更甜蜜。

適時地失控

完美的形象不利戀愛進行，你問為什麼？因為缺少「人性」。所以請你向交往對象訴說自己遇到的煩惱，展現真正的情緒，讓對方以為他已經穿越你的冷靜理智，直達你的內心。

遠古化石時代的沙豬

艾美和男朋友建成相約共聚晚餐，眼看約定時間已過，建成卻遲遲未出現，但艾美也不敢撥電話，因為建成討厭艾美打擾他工作。建成的口頭禪就是：「男人有男人的世界，女人不要管這麼多。」

建成是標準的大男人主義者，雖然懂得照顧女人、保護弱小，然而卻十分霸道，不太喜歡女朋友在出席聚會時高談闊論，認為她依偎在自己的身邊，微笑點頭即可。雖然被保護的感覺不錯，但過多的限制也讓艾美簡直透不過氣。艾美屢屢向建成反應，建成都擺出「這女人怎麼這麼麻煩」的態度，使得艾美覺得自己在對牛彈琴，日子久了，也越感沮喪與無力。

受歡迎的「沙豬」

大男人主義又稱沙文主義，沙文主義，原指極端的愛國主義，而後詞意義擴張為過分熱愛自己的團體，並對其他團體懷有惡意和仇恨。所以「男性沙文主義」就是指男性無論體力或智力都優於女性的一種心態。

現實生活中，情人具有「沙文主義」不完全是件壞事，出乎意料地，有不少人認為沙文主義者有可愛的一面。一個可愛的沙文主義者覺得女人就是小心眼、愛計較，所以他不會和一介弱女子一般見識，對他來說，爭辯或動手非常沒面子，只要還在可以容忍的範圍，他很願意扮演慈父的角色，去寵愛身邊這位在他眼裡有如小孩般的可愛女人。

心愛的女人遇到困難時，這隻沙豬不管自己有沒有能力，一定會挺身而出，碰到問題，他會先設法解決，並且在你面前假裝沒事，直到問題解決之後才告訴你。風風雨雨他會承擔，做你最可靠的大樹。如果你的情人是這種沙文主義者，只要不是太過專制霸道，你可以多著眼於他的優點，柔軟相對。

至於那種面對外界風雨毫無擔當，一味地想做大少爺，只對女人強勢的沙豬，我也無須替他說好話，確實惹人厭，不值得交往。

改造「沙豬男」的密技

你問我有沒有辦法調整情人古板傳統的大男人心態，讓他更為人所接納？當然可以。但如果你希望情人該有主見時有主見，該聽話時就很乖，我想是有難度，畢竟人不是黏土，可以任你這樣搓圓捏扁，但你能用以下方法改善他的固執。

1. 先改變自己的心態

如果你一直爭論「為何男人就可以這麼做」或是「誰說男人優於女人」的話題，只會感到痛苦，因為「男人就是比女人強」是他根深蒂固且無法改變的觀念。不管你再不服氣都一樣，與其挑戰他的食古不化，不如做面子給他，裡子自己拿到就好。一旦你遵循此要點，你會發現操縱他也滿容易的，換句話說，只要把他當作一個愛面子的小朋友，你就不至於氣死自己。

2. 激發他的榮譽感

大男人主義者最討厭人們認為他不像男人、不夠陽剛、不具氣概，所以聰明的你想要修正他的行為時，不妨加上一句「是男人的話就應該……」。比方說，你希望他不要管制你的穿著，就說：「是男人的話眼界就應該寬闊一點，計較女朋友的服裝幹嘛？」如果情人不斷追問你的行蹤，想要控制你的生活，你只要說：「男人怎麼會糾結在這種芝麻小事上，真是小家子氣。」即可。相信自認有男子氣概的他一定會朝你所說形容的「男人」前進。

3.善用撒嬌，以柔克剛

大男人的剋星應該就是小女人了，只要你願意放軟身段，基本上不是太過分的要求，對方都會答應，但如果你自詡為新時代女性，做不來嬌羞柔媚狀，也無法昧著良心稱讚表現欠佳的男人，更做不來端茶遞水、搥背拿報紙等女婢服侍老爺狀，請你語氣也盡量別太強硬，不要表現出「老娘就是這樣，你想怎麼著」的態度，這會讓他覺得自己的權威受到挑戰，非得爭個你死我活不可，焦點就會因此模糊。所以無論身處何種情境，好聲好氣地對待他，而且別忘記，女人的眼淚對他來說是最奏效的武器。

大男人的相處要訣

總之，改變沙豬並非很難的功課，只要告訴他你所做的一切都是為使他「更有男子氣概」。現在我要再告訴你和沙豬相處的幾個要訣，只要你能做到，不管骨子裡是新女性，還是傳統小女人，他都會覺得你實在是太懂他、太善解人意了！

1.給他內疚的空間

一般來說，具男子氣概的人個性也較為衝動，常常話說出口才後悔莫及，但面子拉不下來，結果把場面越搞越僵。聰慧的你就不要過於計較他的無理取鬧了，或許你認為這種吞忍是姑息，但其實只要你在他犯錯時，顯現出一臉委屈樣（記住，是委屈的「樣子」，不要連心態都委屈，明明心中委屈，但表現得若無其事，只會讓他更肆無忌憚），他就會自我反省。看到你愁眉不展的模樣，他會心疼你，雖然嘴上不一定會道歉，但再次這麼做的機率就會降低。

倘若你真無法管住自己的火爆脾氣，對這個囂張的情人不滿到極點，也請維持基本的禮貌，暫時離開爭執現場，以免再多說什麼，火上加油。

2. 扮演好「傾聽者」的角色

你天生氣質爽朗、粗線條，但又想和大男人相處，該怎麼讓他以為你其實也很有女人味呢？很簡單，就是當他發表意見時靜靜聆聽。個性強勢的男人當慣了主角，喜歡別人聽自己說話，你甚至偶爾會發現，他會在人們說話時霸道地打斷對方，急著發表自己的意見。所以，你只要包容他的這點個性，保證他會覺得你有溫柔可人的一面，至於你心裡是否贊同他的言論？那就另當別論囉。管住自己的嘴巴，聽就好。

3.尊重他的工作和夢想

當大男人談到自己的夢想或工作的時候，請勿展現輕視的態度，不管他所勾勒的願景在你眼中有多麼地一文不值，你都要避免批評或是使用否定語句。就算你覺得他的夢想不切實際，他的工作也沒有他說得這麼了不起，都要表現出崇拜。崇拜真的太勉強？基本的尊重也不能少。

你問道：「如果他談論的計畫有缺陷、非常不可行時該怎麼辦？」其實大男人愛吹牛、好面子，你就讓他自己去碰碰壁，他自然會知道不可行；如果你急著攔阻他的計畫，他反而會賭氣去做，結果越陷越深。所以你不如靜靜地在旁觀看，待他自行發現錯誤，非必要時不出手。

4.你和異性保持清楚分明的界線

沒錯，或許有少數的男人可以接受情人有幾個男閨蜜，甚至認為情人受歡迎是很棒的一件事，覺得「只要情人心中有我就沒問題」。但大男人主義者絕對不喜歡自己的情人像隻花蝴蝶，穿梭在草叢之中，不管那些男人是同學、同事、鄰居、乾哥或乾弟，只要有一點點擦槍走火的可能，大男人就不喜歡你們靠得太近。你可以說他在兩性議題的觀念上比較保守，對他來說，社交圈活躍的女性實在難讓人安心，所以當你盡量減少接觸異性，他們會相當開心。

然而，這不代表他可以當個劣質男，拈花惹草，你只能關在家當宅女。你要告訴他，真正負責的男人，懂得尊重女性的身體，不會藉機佔對方便宜，更會清楚地劃出界線，保護自己也保護他的另一半。總之，要求他和你一起潔身自愛，而非單方面設限。

5. 展現自己的愛心

大男人不喜歡攻擊性太強的女人。當你以冷漠的態度對待長輩、小孩和小動物時，他可不會覺得你是在「做自己」，而是覺得你毫無教養，缺乏溫柔婉約的氣質。想要打動他的心，敬愛長者、陪孩童玩樂，或收養流浪狗等方法是最棒的了。

能做到以上幾點，就算你在職場上叱吒風雲、力壓群雄，他仍然會認為你秀外慧中、女人味十足，比胡亂撒嬌有用得多了。大男人有大男人的好處，你實在不該一味地排斥嘲弄，只要你順著大男人的毛摸，用點技巧讓他把大男人的優點發揮到極致，還是可以讓這隻雄獅忘記發威，乖乖做你的守護者！

人生勝組 幸福教戰

你應該小心的大男人類型

「男人可教也」，所以如果情人有大男人的傾向就分手，是不必要的，但是當他出現以下行為，這不是大男人，而是危險情人，請趕快離開吧！

在眾人面前讓你丟臉

如果你的情人私底下會對你呼來喚去，你還可以試著跟他溝通，但若他喜歡在眾人面前貶低你，甚至會大聲斥責你，並對此感到光榮，請你趕快逃離這種以征服女人獲得成就感的無聊男性。

順我者昌，逆我者亡

大男人自主性強，完全不受控制，但這無所謂，因為戀愛不是爭奪主控權的戰場。但假使你的情人在你的私事上也發表意見，硬要你遵循他的想法，那他已經完全將你視為附屬品，用對待寵物的方式對待你了。

情緒控管能力差

逃離會動手的男人已經是人人皆知的常識，然而不只動手，言語的威脅恐嚇、跟蹤騷擾、辱罵都代表這個人的情緒控管能力低下，請勿視這些行為為愛的表現，三十六計走為上策。

卯起來和異性作對的偽平權主義者

自從電影「我的野蠻女友」風行之後，大大地助長了「蠻風」，很多「大女人」以欺壓情人為榮。其實兩人相處是一個願打一個願挨，若另一伴不覺得你鴨霸無理，而覺得你坦率可愛，也無不可；若情人屢屢抗議，你還責怪他是不懂體貼，那你可能就有些問題了。

楊安寧自認是大女人主義者，並以此為榮，她最常將「男女平等」掛在口中，她不會為情人進廚房、打掃倒茶、搥背捏腳，因為這通通是「壓榨女性」，憑什麼要女人扮作奴婢樣去服侍男人？而不是男人服侍女人？

然而安寧上下班全由情人接送，出門約會全由對方付帳，因為這樣才可以顯現男性對女性的尊重和疼惜。大至車子、房子、結婚的費用，小至女朋友的治裝費都該由男人出，這才是「尊重女性」的真諦。本來，安寧的男朋友志奇很懂得尊重女性，但最近志奇越來越不滿，兩人開始常常爭吵。

了解真正的女權，才能獲得健康的戀情

小女人柔柔弱弱惹人憐惜，大女人活得漂亮、精明能幹，還可幫夫。這兩種女性各有不同的愛戴者，大男人疼惜小女人，個性溫和的新好男人喜歡處在大女人身邊，但是有一種女性，讓所有人都倒胃口，那就是「偽女權主義者」。她們整天把男女平等掛在嘴邊，拒絕做煮飯婆與女傭，認為服侍男人有損自尊，幫男人洗衣服根本就是封建時代的過分要求，但是她們也不肯付自己的帳單、處理自己的事務，找對象時要求三高，要求對方處處比自己強，遇到不利於己的情況，就說「可是人家是女生」以逃避責任。這種女性就算貌似天仙，也很少有男性可以一再容忍。

那麼，真正的女權主義者是如何面對感情世界？

1. 視情人為合作夥伴

每個人都有自己擅長的事情，無須特別侷限男性或女性必須扮演何種角色，不要認為男人就該負擔全部家用，女人就要負擔全部家事。既然是合作夥伴的關係，你在這段關係中就一定要有所貢獻，無論你選擇分擔金錢或是分擔家務，就是不能佔盡所有便宜，將情人視為私人奴隸，動輒打罵。這跟女權一點關係都沒有，這種壓制情人的行為，反而是小女人作為。

因為只有對自己的能力不具自信、把自己視為次等人類的女性，才會為保護自己而裝得如此強悍，真正堅強的女性明白能力無須以吼叫、命令情人的方式展現，而是能夠幫情人分擔部份責任。

2. 偶爾撒嬌也無妨

伸張女權不是拿著皮鞭吆喝男人，畢竟有被虐狂的人還是少數中的少數，你的強勢不一定要表現在外表與言語上。換句話說，並不是脾氣像個男人、個性火爆衝動、得理不饒人，或是完全不理會情人的意見就是女權主義，其實這反而是輕視女性的行為。因為輕視女性，所以極力模仿男性的舉動，以為「像男人」才可以獲得應有的尊重。

然而真正的女權主義者明瞭「女性特質」也值得欣賞，所以她們不排斥撒嬌，而會在無關原則的小事上讓讓情人、哄哄他，但是當對方侵犯到她的尊嚴時，她也會強硬起來。反之，那種「故意遲到，讓情人痴等」、堅持無謂瑣事情的女性，不是女權主義者，僅是嚴重的公主病患者而已。若不趕緊學會尊重他人，是難以維繫一段長長久久的感情。

3.勇於表達自己的情感

表達自己對伴侶的「關心」與「愛」並不丟臉，因為「愛」與「關心」是滋潤感情的要素。如果你總是表現得理智強硬，不願展現自己脆弱的一面，就算對方有再強大的耐心和愛意，也終會被耗盡。

你可以不必一天到晚把「愛」掛在嘴邊，但是一定要記得，用貼心的行動展示自己對另一半的感情。所以，請你不要再冷硬得像堵高牆，拿出你的熱情吧！畢竟人就是透過不斷的交流和回應，來確認愛的溫度。把剛硬的態度拿來解決人生的困境，把溫情與脆弱留給另一伴。

大女人適合的對象

如果你不了解男女平等的真諦，只要權利而不盡義務，那麼除非你的個性有所修正，否則不管是何種類型的情人都會覺得難以跟你繼續走下去。但若你只是性格強硬獨立，那麼你不過就是有異於傳統女性，身為大女人的你不必為符合「女性」的標準而刻意修正自己的性格，在現代社會中，獨立爽朗，且能撐起一片天的女人也很受「小男人」的歡迎。

你可能會覺得他不如你一般有主見，但是溫柔細膩正是小男人的優點，如果你無法接納他的優點，反而強求他該強硬時強硬，其他時候都要百依百順，這根本是奢求，因為情人無法訂做。人的每一個優點背後，必定會包藏一個缺點，孝順的孩子難以違抗父母之命、獨立的情人時常自我意識過強、浪漫的情人易有不切實際的空想等等，也就是說，你只能接受情人的整體。所以當大女人碰上小男人時，你最好謹記他的溫和貼心、願意放下身段的種種優點，不要老是執著在他缺少的特質，否則這段感情兩人都難過。

當大女人碰上大男人呢？其實也不是大家想像得這麼糟糕，雖然爭執時的火藥味會重一點，但謹記於當下保持理性，減少情緒性的發言就好。不要因為一時的面子之爭而轉移吵架的焦點，導致你們無法解決問題又破壞了感情。至於「到底是誰要聽誰的」，建議你們找出共識，彼此各退一步，不要強硬地要求對方全盤配合自己，自然能取得平衡。

如果你有「為何我需要讓步」的疑問，或是你的個性就真的很固執、不願妥協商量的話，你還是尋找百依百順的「小男人」吧，不要再和大男人爭下去，除了自己痛苦，對方也不好受。當然，當你選擇和大男人交往之後，對他的倔強就要多多包容，不要選了大男人，又抱怨他不貼心，選了小男人，又抱怨他沒個性，這只會害自己整天情緒不滿，無法享受戀愛的樂趣。

可剛可柔才是魅力女人

大女人與小女人雖然各有其適合的對象和擁護者，但是純粹的大女人和純粹的小女人其實都過得不輕鬆。純粹的大女人讓男人無用武之地，沒有一定自信的男人根本不敢也不想接近；純粹的小女人過著危險的人生，因為她的幸福全部取決於一人之手，那人若是值得依靠的良人還好，就怕偏偏是個爛咖。所以，有大女人的智慧與胸襟，又有小女人的溫柔可親是最幸福的人。智慧和胸襟可以幫助你開闊眼界、提升自我、尋覓優質伴侶，溫柔可親可以讓你擁有好人緣，桃花朵朵開。

總結來說，「女權」一詞指的不是女性權利無限上綱，而是男性和女性都有其應盡的義務和可享的權利。至於哪些義務要盡，哪些權利可享？這可以互相協調，並沒有死板的硬性規定。男人和女人本來就不是互相對抗的關係，而是互愛互助的關係，發自內心尊重對方，也尊重自己，才是談戀愛的正確態度，踐踏男性自尊的「偽女權女郎」應該趕快認識真正的「女權」才是。

人生勝組

幸福教戰

如何爭取感情裡的權益

人和人的交往就像跳舞，雙方進退要互相配合，才可以舞出完美的旋律，但有些情人就是喜歡踩人底線，該如何應付這種希望你多退多讓的狀況？

老虎不發威，難怪成病貓

當男性在事後不斷地道歉，而個性溫和的你告訴對方下不為例之後，就不再追究，難怪對方會越來越過分，沒有把你的話放心上。請你在對方踩到你的底線時，就要毫不留情地嚴肅以待。

平常不吝於付出

如果你只一味地要求對方注意你的權益，對方可能會不耐、厭惡，心想：「又來了。」所以他對你的要求能敷衍就敷衍。但如果你平常不吝於付出，就可以在提及自己的付出後，理直氣壯地要求對方。

善用溝通技巧

當你每次提出要求時，都以「這樣我才比較方便」為理由，難怪人家心裡不舒服，但如果你換個語氣說：「這樣做對你也有好處。」對方就更容易聽進耳裡，不會覺得你是只想到自己的自私鬼。

Part 4

顯性爛情人
假嬰兒

他們是感性又天真的生物，需要被你保護，

因為若不是你展開雙臂擋在前方，

現實的社會絕對會將他們吃乾抹淨，

然而你想當的是情人，而不是他們的媽媽。

究竟該如何讓他們的思想成熟化，

得以與你攜手面對未來的風雨？

媽媽最大的乖寶寶

家好的情人鄭俊毅是心理上還未斷奶的乖寶寶，外表看起來他的確是一個很體貼的情人，但日子久了家好發現有些不對勁，那就是他對媽媽的感情已經不是孝順而已，簡直到了唯命是從的地步，連生活中應該自己決定的事情、做什麼工作、交怎樣的朋友都會任由母親干涉，再加上俊逸動不動就說「我媽喜歡女生具備哪些特質」、「我媽喜歡女生做何種工作」，讓家好覺得自己不是在和俊逸談戀愛，而是和俊逸的母親談戀愛。

最近俊逸的母親希望家好去考公家機關，做一般簡單的行政工作，這讓天性開朗大方的家好痛苦不已，俊逸也如意料之中的站在媽媽那邊。家好覺得自己真的孤立無援，難道除了分手之外，沒有別的方法嗎？

打開乖寶寶的心靈鑰匙

「孝順」是很多女孩的擇偶標準之一，許多父母也會告訴子女，一個人連撫養他長大的父母都不懂得尊重，更遑論日後愛護妻女。但太過孝順到以家長的意見為聖旨，不敢有個人主張，就可以說是「媽寶」了。

當你覺得情人言談中出現「我媽說」的次數實在多的可怕時，要先搞清楚他是真的乖寶寶，還是拿「媽媽」當擋箭牌，偷渡自己的意見？如果是為了讓你聽從他的意見，那他就是「假媽寶」，只要理性和他溝通，你就可以說服他改變，不需要花心思搞定另一個女人，但如果他是貨真價實媽媽的乖寶寶，這可就有點麻煩了。

為什麼很多相貌堂堂、有份好工作的人，在交往過後才被伴侶發現原來他擁有一顆停留在孩童時期的心靈呢？因為東方社會並不崇尚個人主義，很多父母沒有意識到孩子已經長大、有自主意志、需要獨立生活的事實，再加上父親出外打拼，或認為孩子是妻子一人的責任，所以造成這些男性在成長過程裡過度依賴母親，甚至出現「戀母情結」。

戀母情結，是心理學家佛洛伊德於一九一三年提出的觀點，他主張男孩早期的性追求對象是母親，他總想佔據父親的位置，與父親爭奪母親的愛情。然而經過歲月的歷練後，男性會脫離此階段，只有某些男性無法順利擺脫這種精神狀態。

但是一個口口聲聲都是「媽咪」的大人會被嘲笑，所以他們在面對外面的世界時，會盡量隱藏自己依賴母親的一面，以避開他人異樣的眼光。在親密關係中卻很難不原形畢露，因為一旦過了熱戀期，女朋友就會晉升為家人，媽媽的小寶貝就不會再以應對社會的那一套對待女朋友，而會展露出自己較為真實的一面。

讓乖寶寶真正長大的方法

既然情人懂得在面對社會時隱藏自己對母親的依賴，代表他其實是有自覺的，他知道自己這樣的作為會被眾人鄙視，只是因為習慣，或是不忍違逆母親，所以他才遲遲沒有做出改變，你要抓住他這一點點的自覺，好好發揮，幫助他打從內心成為真正的成年人。如果你決心幫助乖寶寶男朋友成長，可採用以下方法：

1. 盡量讓情人掌握決定權

相處時你可以盡量把主控權交給情人，藉此提醒他是個有決定權的成年人。從決定約會地點、看哪一部電影這種小地方開始，甚至進一步拿工作上遇到的人際或專業問題來尋求他的幫助（當然要故意找他的專長問），不論他的回答能否讓人滿意，你都要表現出「很謝謝你給我這麼有用的建議」的模樣，日子一久，他就會對自己的決策能力產生信心，自然不會再唯母命是從，而懂得用自己的腦袋思考。

2. 灌輸情人正確觀念

一般來說，晚輩不違逆長輩是出自一份尊重，然而對有些長輩而言，只要晚輩提出和自己相左的意見，就是在頂嘴，是很大逆不道的事情。而因為不想讓父母以為自己不被尊重，所以他乾脆就事事遵循父母的意見，以致失去自己思考與磨練的機會。

身為女朋友的你應該鼓勵情人有自己的意見和想法，並教他以和緩的口氣和母親溝通，重點是要提醒情人，如果用溫和的態度溝通後，母親仍覺得他是在頂嘴，那絕對不是他的問題，而是母親沒有意識到孩子已經長大的事實，他有自己的意見絕對正常，甚至是值得鼓勵的。

3. 改變情人母親的觀念

要讓乖寶寶長大，你需要雙管齊下，改變情人的觀念之餘，也要從他的媽媽下手。我不是要你像個無頭蒼蠅般指導人家應該如何教育孩子，這樣做非常的失禮，而是在見面時大力稱讚男朋友的聰明才智，讓他的媽媽認知到自己的兒子真的已經長大，可以自行決定、處理生活的大小事務。畢竟沒有人不喜歡自己的孩子被稱讚，和情人的母親用這種角度切入懇談不失為一個好方法。

當然，最好的方法是直接請情人去和他的父母溝通，但前提是他必須自己表現得像個成人，不管是對是錯，替自己所做的決定負起一切責任，一肩承擔，而非在失敗時怨天尤人，將過錯推到他人身上，甚至回頭找父母收拾殘局。只要情人能做到這點，日子久了，他的母親自然就會對他比較放心，不會事事干涉。

4. 以肯定取代批評

雖然你不是很贊同準婆婆的教育模式，甚至覺得她的做法真是荒謬，或是認為一個頂天立地的男人不敢自己做決定真的很離譜，但是請你不要用諷刺嘲笑的口吻跟媽寶情人說：「請你和你媽媽交往吧！」這種氣話無助於改善情感關係。

請用肯定的語句讚揚這對母子的想法與做法，稱讚情人孝順，說他的父母聰明，最後再將話鋒一轉，表示希望他可以用睿智的腦袋獨立思考，不能一直依賴父母，這樣就好。

如何和乖寶寶的父母溝通？

前面說過，最好由情人自己和他的母親「溝通」，但是你該如何側面幫助他呢？你可以請情人做到以下事項：

1. 報喜不報憂

如果你的情人總是一遇到挫折或是受到一點委屈就向媽媽哭訴，讓媽媽為他煩心，也難怪媽媽會有他還未長大的錯覺，而強勢地介入孩子的生活圈。所以，你可以請情人對母親「報喜不報憂」，盡量讓母親知道自己解決了哪些困難、做出怎樣的成績。如果獲得外界的肯定，如升官、加薪，當然要大方地分享喜悅。

2. 求助親友團

請情人找母親信得過的親朋好友從中幫忙，多替媽媽安排活動，團體出遊或是一同學習新才藝都可以，目的在於幫助她稍微移開關注的重心，而非把全副精力放在你那早該獨立的情人身上。

3. 養成事先報備的習慣

當媽寶情人遇到母親會擔心的問題時，他應事先向母親報備，絕不要自己矇著頭解決，但報備的意思並非請媽媽出馬處理，而是要讓她別擔心。所以，他必須將解決的方法告知媽媽，並肯定地表示自己可以處理這種狀況。這樣一次二次下來，相信媽寶情人的母親會更信任他，不得不將他視為成年人。

4. 善用同儕好友的力量

雖然媽媽出現在同事或朋友的聚會是件令人有點尷尬的事，但是邀請同事或朋友到家裡做客，可以讓母親瞭解孩子社會化的一面，因為同事和朋友會以對待成人的態度對待你的情人。這樣一來，自然可以溫和地提醒媽媽：孩子已經長大了，有自己的生活圈，該適時放手囉。

在台灣，不少男人都是媽媽的乖寶寶，因為台灣的父母已經習慣過度介入孩子的生活。但是只要透過耐心與溝通，這些媽媽的乖寶寶都能夠成長，並展現與年齡相稱的成熟風範。身為媽寶的女朋友，你要有讓他有所成長的決心，不然結婚之後，婆媳問題會嚴重到你婚前無法想像的地步。畢竟一個什麼都想要掌控，連兒子的意見都不尊重的婆婆，更不可能尊重媳婦。

人生勝組
幸福教戰

聰明建立「好媳婦」形象

若能順利取得媽寶情人的母親認可，相信你的戀情會更順利。因此你要及早拜會對方，以表示尊重。那麼，到對方家做客時，要注意哪些地方？

準備一份禮物

到對方家拜訪，準備一份小禮物不僅是禮儀，也可顯示自己的得體大方。送全家可以一起享用的點心或水果是最安全的選擇，因為這些東西可以與眾人分享，又不會太過貴重而讓人備感壓力。

事前做好調查

每對父母的個性不一樣，所以你要於事前詢問家長的喜好。舉例來說，他的父母比較欣賞長袖善舞型，或是乖巧文靜型的女孩？值得注意的是，如果在對方的家裡用餐，當長輩在廚房忙碌時，你還是要客氣地詢問是否需要幫忙，任何小事都可以。

衣著以簡單大方為佳

見長輩時，你的穿著絕對要比平常再保守一點點，以質地好，但不是名牌的服裝最為適合。不要讓對方覺得你是個奢華浪費或是輕浮隨便的女性。

從不積極主動的草食男

自從男女接受教育和取得工作的機會均等之後，兩性的界線日漸模糊，堅強積極的女性所在多有，溫和居家的男性也不在少數。心如的男朋友志剛就是溫和居家的新好男人，一頭中規中矩的髮型、穿著不特別突出的服裝、擁有一份吃不飽也餓不死的工作。一開始心如覺得和這樣樸實的男人在一起很安心，但是交往久了，心如發現志剛太過安於現狀，死氣沉沉過日子的模樣，實在不像一個有肩膀的男人。看不過去的心如，開始替志剛規劃人生目標，甚至替他報名進修課程，在心如的催化下，志剛總算有點行動，但這種講了才做，不講不做的狀況，心如真受不了。

而且不只是工作，也總是心如主動規劃約會行程並提出建議，努力經營感情。偶爾這樣還好，但是志剛長期以來一直處於被動的態度，讓心如不禁懷疑他是否真願意花心思在自己身上？否則為何連動腦想「該到哪兒玩」這麼簡單的問題都不願意，只會一味地配合？她真想針對志剛的個性做一番調整。

食草，可能只是過渡期

兩性關係專欄作家愛普洛斯認為，男人這一輩子都會有一個職業和感情極不穩定的過程，在那一階段中，他們不想要家庭，更不想要負擔，也不會多想未來的事情。這段時期發生於剛從學校畢業進入社會的階段，進入社會代表他必須和原生家庭切割，要背負社會對一個男人的期許，並對自己未來的五十年，甚至八十年負責。一想到這麼沉重的壓力，很難讓人毫不掙扎地接受，所以男人進入社會之後，通常要經過好長一段磨練期，才能逐漸接受這份挑戰，化阻力為助力。

如果你的情人正處於從學校畢業並尋找工作的過渡期，對人生被動消極也不足為奇，因為他正覺得茫然，一時之間找不到目標，也找不到自己在社會上的定位。面對現實嚴苛的考驗，很多人自然會選擇逃避與得過且過的生活態度，但這一段時期總會結束。而結束的關鍵可能是感情上的挫折、家人的逝去，或是他無心插柳卻意外有傑出的工作表現而獲得成就感，總之，這些關鍵事件一旦發生，情人就會自動回復正常。

所以你不妨耐心等候，待他自己找到目標，尋回生活的熱情，過度急切地催逼他，只會破壞彼此之間的感情。請你給自己一段等候期限，期限一到，如果情人絲毫沒有改變，才表示他本身喜歡安逸穩定的生活，不愛在職場或情場上廝殺。

草食男到底是如何養成？

民國四、五〇年代出生的男性大部分都非常具有事業心，因為傳統的社會價值觀裡沒有「女人能頂半邊天」，而是鼓勵男性出外打拼。「安逸」、「穩定」向來不是這些男人的選項，畢竟遠古時期留在他們體內的基因就是要他們出去狩獵、去征服、去證明自己，並且保護家人。

然而隨著社會的演化，願意不斷地積極證明自己的現代男性越來越少，反而是追求無壓力負擔的人越來越多。面對工作，只求溫飽且不願突破，面對感情，消極被動，所有花心思的事情丟給女伴去煩惱。為何會有這種狀況呢？主要原因有三：

1.社會結構因素

台南大學諮商與輔導學系助理教授李岳庭分析，現代社會以小家庭居多，父親多因為外出工作而缺席家庭教育，由母親單獨負擔教養責任，再加上幼稚園和小學的教師也以女性居多，很多小男生接受女性傳授的價值觀、習慣女性的思維模式，所以不再堅持古早的「男子氣概」，當這些小男生長大之後，個性與行為模式自然趨近女性，異於傳統的男性形象。

而這些異於傳統形象的男性形成一股風潮，當影視媒體中的男性不再是硬漢的模樣，自然會助長草食男的滋生。

2.溫室花朵般的撫養方式

現代人小孩生得少，不管是男孩或女孩都受到嚴密的保護，父母不再像以前教導並鼓勵他們競爭冒險，而有把男孩當女孩養的傾向，如此過度的保護當然會造成無野心，又不積極的草食男。

3.社會經濟因素

「草食男」這個名詞的創始人是日本作家深澤真紀，她解釋道，很多年輕男性眼見日本泡沫經濟以及全球經濟神話的崩潰，於是對未來變得較為消極且不懷抱任何期待，甚至連戀愛與性愛都覺得麻煩。就像一隻草食性動物只顧著低頭吃草，而不懂得放眼四周，因此才將他們命名為「草食男」。但是反過來說，不景氣卻也使得他們做事比較踏實，並擁有金錢概念。

台灣目前的經濟狀況恰如日本，當一分耕耘不再有一分收穫，很多年輕人努力半天還買不起一間棲身之所時，就有越來越多的男人放棄努力，對自己、對外來採取消極態度，只求現下的生活過得去就好。草食男的勢力就這樣崛起。

草食男不能說沒有優點，這樣的男性一般有種與世無爭的特質，對女性有同理心，是很好的伴侶，只是對個性積極活躍的女性而言，這種生活態度確實會帶給人不思進取、沒有肩膀的感受。

啟動草食男的生活熱情

草食男之所以如此被動，主要是對生活缺乏熱情，身為情人，你若能點燃他對未來的希望、建立他的自信，相信你們之間的關係會改善很多。那麼，究竟如何讓這隻草食動物恢復肉食本性呢？

1.營造具有安全感的氛圍

有些草食男其實並非如外在表現的那般消極，而是因為沒有一個讓他感到安全的環境去發揮。請你營造一個讓他可以放鬆表現的環境，無論他做什麼事情，都不要以尖酸的話語取笑，更不要對他的生活方式有所批評，否則他會更縮進自己的舒適圈，覺得改變真是一件麻煩事。

2. 以你的熱情感染他

熱情的感染力比你想像得還要大，當他對約會地點沒意見，你應該做的不是批評他毫無想法，而是自己規劃一趟好玩的行程並興沖沖地和他分享，如果他連晚餐想吃什麼都不知道，你就帶他去嘗試最特別的餐廳。記住，積極熱情的表現是關鍵，不要把他雲淡風輕的態度放在心上，日子久了，你的草食男就會重新食肉。

3. 多給點提示

草食男這麼無所作為，很有可能是因為「不知道怎麼做」，所以才乾脆採用最省力的方式——維持現狀。如果你希望草食男人有具體的行動，就應該多給他一些暗示，讓他至少有方向可以遵循，比如說在情人節前夕暗示自己最近想要什麼東西、哪間餐廳還不錯，不要讓他像隻無頭蒼蠅去猜測你的心。這樣一來，他一定就會有所行動，若你連一點方向都不給他，小心你的草食男繼續呈現冬眠狀態囉。

4. 替他找一個榜樣

前面說到，小男孩的教養過程中如果缺乏一個可以模仿的男性形象，自然性格就易偏向陰柔的那一方，所以你可以幫助草食情人找到仿效的對象。這個人可能是他的朋友、主管或同事，總之對方要具備果敢、豪爽與進取等傳統的男性特質，而且必須常常在你的情人身邊出沒，情人跟對方相處久了，行為舉止自然也會越來越具男兒本色。

彼此妥協才能走得久

以上方法可以助你調整草食情人，但說到底，你自己也必須做一些改變，才能讓這段感情順利走下去。你問我要如何改變？

如果你本身的個性就是傳統、溫柔又內向，你要率先拋開「男人就應該如何」的想法，別把情人框架在傳統男性的形象上，而是試著將他視為一個不具任何性別的「人」，你會比較能夠接受他的性情。不要總是依賴情人帶給你驚喜快樂，你要自己製造快樂，如此就不會對情人暮氣沉沉的樣子多有怨言。

倘若你是一位積極主動的肉食女，你也要瞭解，草食男的生活模式並不算是錯的，他想要選擇悠然自得的人生，想要一份餓不死就好的工作，不想處在快速、有壓力的環境裡，這都是他的個人抉擇，你只能用建議或是勸導的方式引領他自願改變，無法強迫他全盤接收你的觀念。

其實，草食男和肉食女有互補效用。不喜競爭的草食男通常個性溫柔細膩，懂得尊重女性，因為他們連在職場上都沒有力氣拚搏，自然不喜歡在感情當中作怪，非常適合強勢的肉食女。但是當肉食女搭配傳統的肉食男，反而會因為爭奪主導權而愛得很辛苦。若你身為肉食女，就要多想想草食情人的優點，這樣就不會被他的被動惹怒。

無論如何，試著欣賞草食男的生活方式，降低你對情人的期望值、放慢生活的步調，這樣才是長久之道。

如何避免成為老媽子？

草食男被動消極，很多女性會忍不住為懶洋洋的他多做一些事情，因此有的草食男就會被女朋友跟家人寵壞，連處理基本的生活所需都成問題，結果將一切交給老媽子情人打理，你要如何避免這種狀況發生？

1. 剛開始交往就要堅定立場

一開始交往時，最好就說清自己的底線，嚴禁金錢支援他的生活，而應該以精神支持。也不要替他打理大小事情，最好表現出關心但不干涉的態度，要不然草食男看你這麼好用，自然懶得理直氣壯，臉皮也越來越厚了。

2. 給他嘗試錯誤的機會

與其替他決定事情，不如耐心等候他思考過後下的決定，就算你明知那決定不太好，也要讓他獨自嘗試。唯有自己獲得教訓，才能由教訓當中切切實實地成長，所以請忍住所有批評的言語，冷眼旁觀吧！

3. 適時給予警示

草食男比較「鈍」，心平氣和地溝通無法喚起他的警覺心，所以當你溝通無效時，就不要再嘻皮笑臉，也不要被他敷衍的話語打發，你要採取嚴肅的態度，鄭重說明自己的感覺，給他當頭棒喝。

其實，只要不是消極到維持生活所需都有問題，草食男的心思比一般男性細膩，也更懂得體貼尊重女性，不失為一個好情人，輕易分手就太可惜囉！與其分手，你不如改變他，真的無法改變，就學會欣賞吧！

人生勝組
幸福教戰

追捕草食男大作戰

草食男的個性被動，常讓對他有意思的女性等得心焦，甚至常搞不太清楚這隻草食動物到底是有意還是無情。愛上草食男的你該怎麼做？

被動式主動

過於主動會嚇到生活步調緩慢的草食男，最好是對他釋放好感，主動做球給對方，由對方決定要不要接、怎麼接。畢竟他的個性保守，如果過於逼迫或給他時間壓力，他會認為不如直接放棄比較輕鬆。

若無其事的表現

草食男的個性害羞，適宜營造自然的相處情境，比如說，你可以請教他公事，最好不要直接表示你是因為對他有興趣，所以想約他出去，不然他會非常緊張彆扭。

低調，低調，再低調

當你們有共同的朋友圈時，請你不要四處跟別人說自己有多喜歡他，也不要在大庭廣眾之下對他示好，因為草食男不喜歡成為人群焦點。與其向別人說，不如私底下找機會多相處，這樣他也會比較放鬆。

全身上下只剩才藝的才子

很多女人喜歡才華洋溢的男人，可惜到最後如願以償且開花結果的戀人少之又少，因為才子是封閉在自己世界裡的族群，他們大多只留意自己的感受、自己的想法，多少和社會格格不入。

夏琳就是才子的崇拜者之一，她的交友條件不多，只要有才華就可以讓她傾心。夏琳很欣賞情人子華的音樂創作才能，但子華的情緒極不穩定，常常隨著創作能否被採用而變動。起初，夏琳抱著惜才、愛才的心態，無條件容忍子華，希望子華有一天可以飛黃騰達。不過日子一久，子華受挫的次數多了，開始不停地怨天尤人、怪東怪西，甚至會嫌棄夏琳害他分心。

除此之外，子華滿口的理想和夢想，但是實際做的事情卻少得可憐，每碰一次壁，他就將對方視為不懂藝術的豬頭。夏琳覺得如果再不改變子華面對社會的態度，逼他認清現實，這段感情遲早會結束。

為何偏愛才子？

「才子」一向和「財子」並列為最讓女人心動的對象，只要有「才」或有「財」，情場得意非難事。「才子」也是許多男性羨慕的對象，他們風流不羈、遊戲人間，但還是有眾多癡情女如飛蛾撲火般地投懷送抱，不論是哪一類的女人，芳心似乎都能輕易為才子融化。

你非常盼望一段與眾不同的戀情，不喜歡和日常生活當中的「凡夫俗子」交往，偏愛才子那種獨特的個性和氣質。你認為自己的品味不凡，正在譜寫一場驚天動地的戀曲，你期待著才子有一天舉世聞名，而自己就是一手造就他的伯樂，或許你只是沉迷在身影可以入詩、入畫、入歌的虛榮感，或許你覺得和才子相戀才算經歷一場有質感、沒有銅臭的戀愛，甚或者你自己也是才女，覺得唯有自己才可以理解他的憂鬱與歡欣，深入他無人能解的內心世界。

無論你愛上才子的原因為何，滿口理想、夢想是才子們的共同性，當才子為你描繪玫瑰色的遠景時，你要如何讓遠景變成現實？

才子的心靈密碼

才子分兩種，一種是仍努力地發展自己的才華、等待他人賞識的才子，另一種是廣為人知且已經獲得肯定的才子，本篇討論的是前者。

他是一塊未成熟的璞玉，尚待細心雕琢才會有成材的一天。這類型的人通常是自傲和自卑的混合體，天生與常人不同的創作才華讓他自覺鶴立雞群，但因為才華尚未被群眾認可，所以內心深處對自己還是存有懷疑，他有時候會武裝自己，用過度的自傲掩飾自己的自卑。而且這種才子有一個通病——認為自己「懷才不遇」。

除此之外，世人對才子總有一些既定的印象，諸如：脾氣暴躁、喜怒無常、生活散漫、不按牌理出牌、感情生活複雜、常有出人意料的瘋狂行為，所以你的才子情人可能會為符合這種形象而刻意放任自己的情緒。有一位才子情人的你一定要有一個認知，那就是才華和品格修養是兩回事，不必因為才華的光環而忽視對方性格上的缺陷，藝術家並沒有「一定要有」的缺點。你應該平心靜氣地檢視情人的行為，而非像個追逐他的崇拜者，對他一再地寬容，這樣你們的感情才能走得長久。否則當你的愛和忍耐揮霍殆盡的時候，也就是感情結束之時。

說到底，不管你的才子情人多有雄心壯志，性格多麼像大眾所認知的「藝術家」，不被認可的才華講難聽點就是活在小圈圈之內的陶醉，不能換錢的才華說穿了只能算是一種娛樂，把娛樂當正業的情人不管話說得多好聽，都無法和你共創未來，因為他連自己的未來都無法掌握。

化夢想為真實的訣竅

才子的最佳伴侶是懂得計畫打算的實際女子，甚至有點銅臭味最好，這樣兩人的性格才可以互補，讓夢想化為現實。說真的，才子的工作能力絕不會太差，差的是穩定性和EQ，身為另一伴的你要提升他的性格與工作的穩定度，才能助才子情人發光發熱，得以將腦中的夢想在現實世界中實現。

那麼，你能夠如何幫助他提升自己的穩定性呢？

1. 糾正其心態

想幫助才子情人實現夢想，你首先要糾正他的心態。才子的性格孤高自許，遇到批評與挫折時，就擺出一副「反正你不懂」的自傲，但就是這種態度讓很多有才華的男人失敗。

所以必要的時候，你可以稍微挫挫他的銳氣，因為過度的鼓勵只會讓他的自我膨脹得更厲害。把他當成普通朋友般稱讚，看到缺點時，你也不必昧著良心視而不見。而且能夠適時指出缺失的你最後反而會得到他的敬重，屆時他將更覺得你是一個很好的心靈伴侶！

請你相信，你的批評可以讓他膨脹過度的自我認知重新切合實際，而不會對自己做出遠超自我能力的評價。畢竟一個有謙虛心態的人才能聽進他人的建言、逐步修正自己的方向，將自身的才華磨練到為大眾所接受的程度。

2. 修正其怪癖性格

舉世聞名的創作者都有一些奇怪的癖好，例如富蘭克林喜歡赤身裸體坐在公寓一樓寬大的木窗旁，任憑涼風吹拂自己裸露的身體，然後開始閱讀、寫作；或是貝多芬喜歡站在洗手台前，將大杯大杯的水倒在手上，同時抑揚頓挫地唱出旋律，然後在屋裡大步踱步，以激發自己的靈感。

只要不傷害他人或自己，這些舉動是可以容忍的，然而有些創作者卻是個性暴躁衝動，還自以為這是「藝術家脾氣」。如果你的情人屬於這種疑似有躁鬱症的才子，請你一定要改正他的性格。你要告訴他：真正有才華的人不需要以任性與怪癖說服別人，能夠獲得肯定的永遠是作品本身，那些類似藝術家的怪脾氣只是絆腳石，不是成功的助力。

若他的個性不改，交往的過程裡，你只會越來越痛苦，而你的未來也會在陪伴他抱怨小人當道、蒼天無眼中度過，毫無幸福可言。

3. 擁有健康的生活

日本作家村上春樹的生活十分規律，自律甚嚴，長年維持慢跑和閱讀的習慣，和一般人想像的「作家就是生活隨興頹廢、沉溺菸酒」完全不一樣，而且正是這種極強的意志力才造就他輝煌的成就。

由此可知，成為成功藝術家的捷徑不是菸酒，也不是放縱的感情生活，而是比平常人更刻苦的鍛鍊。因為創作需要專注力和體力，而墮落的生活就是消磨意志的兇手，所以你應該鼓勵情人過健康規律的生活，而非夜夜笙歌。你可以身體力行，在假日時陪他運動或是到郊外散散心、吹吹風，用正向的方法放鬆心靈、強健體魄。畢竟有健康的身心與堅強的意志，一個人才能不斷、不斷地創作，朝功成名就之路邁進。

4. 使其保持樂觀的心態

英國心理學家李察．韋斯曼針對一萬多名自認為幸運與不幸運的人做實驗，發現自認為幸運者可以在厄運中看見光明面，他們堅信生活中所有的厄運最後都會否極泰來，並會採取建設性的方法來阻止更多厄運的發生。所以不管你的才子情人被拒絕多少次，你都應該樂觀地鼓舞他：「你每被拒絕一次，就等於往成功之路多邁進一步，因為你又多一次修正自己的機會。」以這種積極樂觀的態度面對挫折，相信他的成功就在不遠處。

5.和產業動態保持聯繫

其實無論是音樂、文學或繪畫，都很忌諱閉門造車。以文學為例，就算你想要搞曲高和寡的純文學，也要有一小票同樣愛好純文學的讀者認可你，你才能將才華換得錢財或是名聲。當然，如果你的情人只將創作當成興趣而不求精進，也不將創作當成吃飯的工具，就另當別論。

但倘若他還有一點點出人頭地的意念，你就應該和他所專長的產業保持聯繫，並鼓勵他對目前的趨勢與流行風格多做研究。雖然偉大的創作都是超越時代的，但這些劃時代的創作若不能被當代人理解，創作者的生活還是不免顛沛流離、痛苦不堪。除非你不介意陪他過著潦倒的日子，否則還是提醒他睜開眼睛，從自己的小世界走出來，看看整個產業環境吧。

6.瞭解實現理想的難度

沒有人比你更清楚情人的理想，所以你應該用實際的角度幫他評估「為了這個理想，他需要犧牲付出什麼」，並衡量他的能力，客觀審視他擁有哪些條件、缺乏哪些條件。如果你發現所謂的「理想」和「現實」之間的鴻溝，真不是情人所能跨越的，不如就早早鼓勵他換個目標，畢竟白日夢可以做，但是長期沉溺其中，只會跟社會脫節。

7.要求他設定短期目標

請情人設定一個短期目標並達成它，這樣做的目的是，藉由目標的達成增加他的自信，使情人更有邁向成功的動力。須注意的是，這個短期目標一定要具體而實際，不能是類似「成為五月天第二」這種不切實際的目標，而是「在報紙上發表一篇文章」或是「一個月內要創作出三部作品」這種清晰可見的目標。

愛上才子，幾乎是每個生性浪漫的女人必經的成長路程，可惜走到最後，開花結果的真不多，因為這世界上雖有大把的才子、才女，但卻缺乏可以把生活和創作結合得很好而不偏廢的人。如果不希望戀愛談到最後徒留一段美好回憶，請你把飄在雲端的才子拉回現實世界吧！

人生勝組
幸福教戰

收服多情才子的秘訣

多情才子是女人的最愛也是最恨，如果你的他是位受眾多女人愛慕的才子，你該如何繫住他的腳步，讓他只為你駐足停留呢？

直言不諱

多情才子易傾心於智力相當的對象，建議你不要對他耍小花招，因為如果被聰明的他看穿，更顯得彆扭難堪。也不要花心思在他面前演戲，故作姿態。只要在抓到他的破綻時直說，他就會明白你比他更聰明。

給他呼吸的空間

對付多情的才子，最好不要把他抓得太緊，因為才子的自主性較強，所以過度的管束和要求只會讓他覺得透不過氣，對戀情來說，不是加分而是扣分。這種「無為而治」的態度將讓你在他心中顯得與眾不同。

別想控制他

才子都有自己的生活模式，你可以柔性勸說、引導他往你想要的地方邁進，但千萬不要像管孩子一樣，從頭管到腳，他遲早會受不了這種壓迫感。記住，大部分的才子可是把自由看得比愛情還重要！

撒嬌、撒野不分的大小姐

女人的似水柔情可以融化愛人的心，很多男人就喜歡看自己的女朋友撒嬌的可愛模樣。王詩韻就是這樣一位愛撒嬌的女人。明明一開始男朋友書賢還滿享受她偶爾耍耍小性子，但是詩韻發現，最近書賢不知道為什麼越來越不喜歡她撒嬌。

原來書賢的觀念黑白非分明，對就是對，錯就是錯，但是詩韻卻常常在犯錯後用撒嬌脫身，又一而再再而三地重複相同的錯誤。此外，詩韻也常常以撒嬌的態度央求書賢幫她服務，完全不管書賢當下在做什麼，時間是否允許。

雖然書賢試著跟詩韻溝通，但詩韻覺得男人讓讓女人又無妨，於是又開始試圖用撒嬌蒙混過去。終於有一天，書賢忍不住訓斥詩韻一頓，請她認真地對待自己說的話，不要提出無理的要求。

詩韻卻覺得書賢根本就是小題大作，撒嬌不過是她習以為常的溝通方式，何必因此大動肝火！兩人的感情瞬間降到冰點……。

為什麼她愛撒嬌？

美國心理學家威廉·科克的研究表明，任性是一種心理需求的表現。女人之所以任性刁蠻是想要引起對方的注意，沒有女人會對無感情基礎的人任意撒嬌、耍脾氣，女人是由被撒嬌的那方對她的寬容忍讓中感受到自己是被愛的。

但任性卻非全然天生而成，一般來說，生長在經濟優渥的家庭，或是備受父母寵愛、長相得天獨厚與單方面接受別人照顧的孩子更易養成驕縱的性格。因為周遭人的疼愛容忍，她已經習慣以各種柔性或是強硬的手段，由別人手中取得溫暖，所以當她撒嬌卻被人拒絕時，只會覺得自己不被愛，而非反省自己是否做得太過火。

總之，撒嬌是一種獲取關心、證明愛的手段，能在情人面前任性而被寬容以待的女人是幸福的，然而不分場合、不分地點都要求情人遷就她，情人若不從，自己的腦中就開始上演「不被愛」的小劇場，她不過就是個被寵壞的女人。因為沒有人有義務無限度地容忍另一個人，懂得正確的撒嬌才可以幫助感情加溫。

撒嬌與撒野的差異

撒嬌和撒野的定義其實因人而異，有些男性的忍耐度高且偏愛看女人嘟著小嘴的俏模樣，有些男人偏偏討厭女人來這一套，所以千萬不要看兩性書上說「女人一定要會撒嬌」就開始照本宣科亂撒嬌，反而讓他覺得你在撒野。

1. 態度跟年紀很重要

一個體型嬌小的女性以粉拳輕搥另一半的肩膀，假裝氣惱卻是輕言細語，從她的柔和態度可見是要男人哄她，這個畫面相信不少男性都心生嚮往。但若是同一個女性在提出要求時忘了輕言細語，應該有不少人都會覺得很煩。

此外，同樣的事情，二十歲做是天真可愛、胸無城府，三十歲做就是白目、不知節制，所以撒嬌除了要注意語氣，還要符合年紀，不要三十多歲直奔四十，細紋都爬上臉，還在用二十歲的方法噘嘴撒嬌，希望另一半會因此妥協。女人過了三十歲以後，認真誠懇的溝通比起胡亂發嗲，更能讓人感受到你的魅力。

2. 要注意場合

因為社會的期待和壓力，許多男性在面臨「愛情」和「事業」的抉擇時，會毫不猶豫地選擇「事業」，只有極少數的男人才會願意為了愛情而影響工作。所以只要是會影響他工作的事情都不要做，例如在情人開會時打電話給他，逼他說愛你，或是講些言不及義的情話。尤其是當他身居主管職務，需要在屬下面前建立威信，讓他因此失了面子，可是非常嚴重的失誤，甚至可能導致分手。記住，尊重情人的工作，工作期間的任何撒嬌都是一種打擾，你應極力避免，以免撒嬌變成情人心中無理取鬧的撒野。其他像是家庭聚會、情人的同事或同學聚會，都不太適合撒嬌。

3. 時機合適與否

有些女性喜歡給男性出難題，來證明他對自己的愛，所以時常提出無理的要求，比如半夜兩點要情人去買雞排給自己吃、硬要對方在大街上蹲下身為自己繫鞋帶、逼他為自己跑了五個地方買齊想要吃的晚餐，如果情人不理會這些誇張的要求，她就會耍小姐脾氣。這些時機不對的無理要求就是撒野。

4. 依對方個性拿捏分寸

每個人的個性不盡相同，都有不可侵犯的地雷區。有的人不介意在朋友的面前摟摟抱抱，但有的人卻覺得這樣的表現太尷尬，有的人不介意在大街上提女朋友的包包，有的人覺得一個大男人拿著女人的提包是折損男性尊嚴。交往一段時間之後，你對情人也已經有一定的了解，所以不必故意拿他不能接受的事情考驗他對這段感情的堅定程度，如果你硬要他做平常就很討厭的事，就叫做撒野。

頭腦清醒的好男人根本不可能接受無理的要求，能夠容忍你如此任性的男人大部分都有不足之處，所以當你以為經過重重嚴格的撒野考驗，終於篩選到最愛你的人，其實你只是篩選到一個條件最差的情人。

好男人就算要表達愛，也不會做這些可有可無且對你幫助不大的事情，當你遇到困境，最需要他的時候，積極地拉你一把，才是他表達愛的最佳方式。所以撒嬌時請你將心比心，哪些事情是你不喜歡別人叫你去做的，就不要央求別人做，如果總是請他人做一些你自己都不願意幫人家做的事情，那就是撒野了。

聰明的撒嬌方式

雖然人人可以接受的撒嬌程度跟範圍不一樣，不可一概而論，撒嬌也不一定只有嗲聲嗲氣、眨著無辜大眼假裝自己什麼都不會這一套，而是隨著個性不同有所變化，然而還是有一套人人都可以接受的撒嬌方式。

1. 滿足情人的保護慾

男性天生喜歡當英雄，偶爾依靠在他的身邊，說說心事、吐吐苦水，就能讓情人感覺到你的信賴和喜愛，讓他認為自己可以協助你解決生活裡的種種難題，滿足他保護弱小的慾望。

但你要記住，雖然男人願意撫慰脆弱的女朋友，你還是要懂得「適可而止」，不要一見到情人就抓著他抱怨東抱怨西，嫌工作不順、同事難相處，成天丟負面的訊息給他。最好是對方安慰之後，你就展開笑顏，這樣他才會覺得有成就感。也就是不要造成他太大的負擔，要不然一次兩次下來，就算是再愛你的人也會覺得累。所以故意拿很簡單的小問題讓他解決，滿足一下他想要讓女朋友依賴的心情即可。

2. 眾人前給他面子

一般人在愛人面前是一個模樣，但面對其他人時又是另一個模樣，所以不管你的交往對象在你面前是多麼的善良好欺負，甚至帶點傻氣，他是只有在你面前，而且是因為愛你才會如此表現。在大眾前還一如私底下一般地耍任性，你無疑是自找苦吃。如果你一定要在大庭廣眾前撒嬌的話，就請你在一旁附和他的話、靜靜地微笑點頭，這樣就夠了。

此外，在親友面前使喚他，以顯示自己的嬌貴，這也屬於「讓男人沒面子」的範圍，因為男性一般都會調侃對女朋友服服貼貼的男人。所以最好是在親友面前對他特別溫柔，洗碗、端茶倒水這種雜事都搶去做，私底下看你是要他幫你搥背還是按摩都無所謂，大部分的男人都不會介意在幕後服務女朋友的。

3.在親友面前讚揚他

有些女人喜歡開玩笑，已經到「公私不分」的地步，她會把私下和情人開的玩笑拿到聚會上講，甚至大爆情人的糗事，或是公開喊親密暱稱。對男人來說，這真的一點都不有趣，因為他就是信任你，所以才敢表現出如此無遮掩的模樣，當你毫不留情地公開他私底下的幼稚模樣，他只會覺得你不夠體貼細心，並不會欣賞你的「幽默感」。所以在他的親友面前，最好的撒嬌方式就是稱讚他，拼命講他的好話，甚至可以稍微表現出崇拜。

總之，撒嬌的最終目的就是讓兩人感情加溫，並增添生活情趣，所以撒嬌這種事情應該「見好就收」。你要隨時關注情人的臉色，如果發現他今天沒什麼興致陪你說說笑笑，或是他對你的撒嬌不但沒有回應，甚至還出現不耐或是厭煩的態度，就是你恢復正常，當個成熟女人的時候啦！女人不會撒嬌固然沒有吸引力，但是撒嬌過了頭就變成撒野。撒嬌和撒野的分別就在於一顆善解人意的心，而這顆善解的心，也是決定你到底是「有吸引力」的女人，還是「幼稚公主病」的關鍵。

人生勝組

幸福教戰

撒嬌也要看對象

許多男人都喜歡女人撒嬌，但凡事總有例外，如果你男朋友是以下三種人士，你最好不要輕易地對他發嗲，以免引起對方反感。

個性實際者

溝通方式對他來說並不重要，重要的是「結果」，只要是他不想付出的東西、不想同意的事情，你再怎樣撒嬌也只是惹他反感，他只會覺得「你怎麼聽不懂國語」，這類人士，撒嬌對他根本無效。

頭腦靈活聰明者

因為他太容易看穿別人撒嬌背後的目的，所以他總是靜靜地看你演出種種姿態，但要不要照你的劇本演出就得看他的心情啦！遇見這種鬼靈精，撒嬌沒有太大的用處，只會讓他懷疑你的智商而已。

直腸子的熱血漢子

他的個性瀟脫俐落，如果你在和他說話的三分鐘裡沒有直奔主題，他就立刻會呵欠連連。遇到這種不解風情的傢伙，你再怎麼撒嬌也是對牛彈琴，搞不好還會害他不知如何回應才好。

Part 5

顯性爛情人
戲劇天王

他像極了瓊瑤劇的男演員，情緒起起伏伏，

而你們的愛情如不斷上演的狗血題材，

在「誤會——衝突——和好」之中反反覆覆。

他究竟何時才能醒悟，戀愛不是演戲，

唯有暢通無阻的溝通管道，才是戀情長久的秘密武器。

每天垂淚到天明的悲劇奇才

戀愛中的人總愛東想西想，有的人會主動將自己的疑惑釐清，但有些人真的特別愛亂猜，讓被誤會的情人哭笑不得。明玉的男朋友漢清個性和善、思慮細膩，但是「想太多」的個性讓明玉十分苦惱。

一日，漢清看到明玉和她的表哥一起逛街，雖然對那個男人的身分感到疑惑，但他卻選擇默默觀察明玉的後續行為，獨自亂猜了三天，最後才終於因為受不了內心的折磨而情緒爆發，一臉委屈地問明玉是不是愛上別人。無辜的明玉對漢清突如其來的情緒非常驚訝，連忙柔聲細氣地安撫。

但是類似的事件不斷地發生，明明只要當下說清楚就可立刻解決的問題，漢清總是在心裡面轉個兩、三天後才爆發出來。明玉覺得必須不斷地呵護、承擔漢清的情緒很累，自己實在沒精力陪漢清演出一場又一場的悲情劇碼了。

為何總是「想太多」？

想太多情人大部分較為內斂文靜，在人群中絕不突出顯眼，溫和體貼是他們的優點，但是有話不直說、傾向負面且悲觀的猜測，讓許多習慣直來直往的陽光女孩受不了。

想太多情人之所以會「想太多」，其實是在乞求你給予多一點的關注與愛，只要給他所需的呵護，他自然就能逐漸改善自身的性格，在你面前不再缺乏自信或不敢袒露自己的真實想法。然而到底是什麼原因造就出一個沒自信的「想太多情人」呢？

1. 鮮少被肯定

某些父母以為所謂的「嚴格管教」就是不斷地批評、責備與挑剔，他們對親友的孩子大力讚揚，對自己的孩子則是因為求好心切而極力貶低，甚至嘲笑孩子的意見，讓孩子長期處在無法獲得肯定的環境。長大後，他自然不敢輕易地表達自己的想法，因為他覺得這會引來一陣訕笑，並且難以相信自己是被愛著的。

因為不相信自己被愛著，所以他不管是看見或是聽見什麼讓他起疑的事，他都會往最悲觀處去想，甚至不敢去求證——因為他怕得到的不是自己想聽的答案。非得等到對方驚覺有異，或是自己再也承受不了這些情緒，才讓整件事情爆發開來。

2.欠缺調適挫折的能力

所謂的挫折，包括失戀、被霸凌、因成績不佳而被老師無視、被同學譏笑、和喜歡的女生告白被拒、上班沒多久就被老闆開除、被同事背叛惡整等等。有些人本身對自己的信心堅強，他的自信並非源於外來的肯定，所以對這些挫折可以調適得很好，但是有些人不行。

不具有良好挫折調適能力的人，很容易因為這些外來的評價而否定自己，行事就會較畏縮，覺得自己不夠好、不夠值得被愛，自然在感情上也容易「想太多」。

不管情人沒自信的原因為何，你不妨就把他當成一個受傷的孩子，幫助他從以往的傷害中康復，讓他既能擁有一段溫暖穩定的關係，也得到更健全的人格，這豈不是美事一樁？

幫助「想太多」情人建立自信

那麼，該如何幫助想太多情人建立自信心，得到幸福呢？一位東南亞著名的演說家認為，建立自信的最佳辦法就是去做自己最害怕的事情，直到把那件事情做成功為止。所以你可以建議情人去做自己最怕的事，以破除心中的魔障。然而並非每

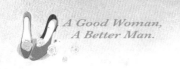

個人都有勇氣硬著頭皮挑戰心靈最深處的恐懼，再挑戰自身的恐懼之前，你應該先試試以下方法，幫助情人建立信心。

1. 鎖定問題的源頭

不論是誰，在生活中總會不斷地面臨否定與挫折，你不妨直接詢問情人，他是特別無法處理哪一方面的挫敗？是工作上的否定，是親戚好友的批評，或是特別在乎他人挑剔他的容貌？只要挖掘情人感到不舒服的人事物，並且鼓勵情人正面面對它們，告訴他：「這只是單一面向的看法，並不代表你全部的價值。」或是安慰他：「容貌（工作能力／人際相處能力）被否定，並不代表你一無可取。」

換句話說，經常使用正向思考替情人洗腦，並要求情人不斷地在心中默念這些正向的信念，不僅起床的時候唸，睡不著的時候也要唸，面對他人的指責時更要在心中默唸。唸久了，這些正向思考就會內化成情人的信心源頭。

2. 多結交性情開朗的朋友

心理治療師卡蒂諾博士建議，人們在日常生活中，應該遠離那些讓你難受、喪志、不舒服的人，因為這些人充滿負面思想，隨時隨地都在否定他人。

你要讓情人知道，有一些朋友不值得交往，比如說當他們相處時，就是怨天尤人、辱罵老闆或其他相識者，甚或是永無止盡地批評整個社會制度。每個人或多或少都會對生活有不滿意的地方，幾個朋友相約吃吃喝喝，偶爾發幾句牢騷是無所謂，怕得就是淪落為一堆充滿負面情緒的人互舔傷口，成天抱怨，卻毫無建設。和這種朋友相處，只會讓人覺得人生無望、社會黑暗，更無法建立自己的信心。

請你鼓勵情人多多結交性情陽光開朗、懂得欣賞他人優點的朋友，通常這種人比較相信自己的能力，更願意根據目前現況腳踏實地做出改變、付諸行動，他們才能幫助情人走出自我的狹小世界，正確地評價自己。

3.告訴他：價值觀因人而異

如果情人的自信心是被前段感情所擊潰，使得他開始徬徨無措，懷疑自己無法獲得幸福，甚至開始大力地檢討自己、嚴苛地批判，導致他時常覺得自己配不上你，總是「想太多」。

此時，你就要告訴情人：這世界上根本沒有絕對的「好」與「差」，每個人的價值觀都不相同，尤其感情的標準更是人人不同，無論是失戀、被拒絕、被否定，其實都只是「兩個人的需求不同，協調未果」而已。

若一個喜歡情人強勢的女人剛好與個性溫文的男性陷入熱戀，自然會因為對方無法滿足自己需求而求去，但是「強勢」就一定強過「溫文」嗎？這可不一定，端看個人的價值觀和偏好，喜歡溫文男性的女人所在多有。所以，無需因為被一個人否定，就覺得自己「再也不能被愛」。最後記得提醒他：每一個情人都是不同的個體，將前一段的陰影留給你，對你實在不公平。

4. 關心永遠不嫌多

在愛情當中，每個人需要的關愛程度不一樣，有的人是嬌貴的玫瑰，需要你時時表達自己的關心，以灌溉愛情的幼苗；有的人是仙人掌，注重個人空間且愛好自由，你只需要偶爾灌溉澆水，他就可以活得很好，過度地關懷反會讓他覺得相當沉重。

而「想太多」情人無疑就是一朵需要你好好呵護的玫瑰。

不管他有沒有表現出他對關注的渴望，無論一切是不是「看起來」很正常，都請你主動關心他的想法，詢問他今天的心情怎麼樣，如果可能的話，多放一點注意力在他身上。

個性粗線條的女性要磨練自己的觀察力，盡量去探究他的行為與作法後面是否有什麼弦外之音。就算你真讀不出來，覺得他古怪的時候就懂得發問，你會發現，只要你細心地詢問他，你將越來越清楚他的思考模式，進而避免做出讓他容易多想或是誤會的事情。

5. 交流盡量開誠布公

如果你本身也是習慣以曲折方式溝通的人，現在開始學習開誠布公地交流內心的想法。不管你覺得這些事情有沒有必要和他講得這麼清楚，你要知道，有些事情不說出口，你永遠不會知道對方是如何看待的。人很容易被自己的思考模式蒙蔽，以為大家都應該和自己有同樣的思維模式，但事實上，拿一件事情問一百個人，就會得到一百種看法，所以不管你們已經認識多久，你還是會有猜錯對方想法的可能。

既然情人說話不直接，如果你也如出一轍，那彼此的溝通定出問題。不必弄得「你猜我，我猜你」這麼複雜，畢竟戀愛是「談」出來的，當兩人不再演出腦內小劇場，陷入「自以為」的情境，而願意把問題攤開來一次說清，搞不好你會發現，其實他和你想的有天壤之別！給自己一個機會，也給他一個機會，正確地了解彼此吧。

6. 他值得多一點的耐心

和「想太多」情人交往確實很容易抓狂，因為你真搞不懂他究竟是哪裡出問題，於是有些人就會以直接且不耐的口吻質問：「你到底想幹嘛？」甚至是在知道對方的想法之後，還大肆地嘲笑，或是批評對方的思考邏輯有問題，怎麼會把事情往那方面想。這麼做是很傷人的，請你要認真看待情人的想法和情緒，不可單純地想成他只是在吃醋或乞討你的關愛。所以，不管他的想法聽在你耳裡有多麼的荒誕無稽，聽完它，絕不要打斷他的話。待他說完之後，記得要誠懇地告訴他：「我已經知道你的感覺了，也已經記住你說的話。」最後對容易引起他「想太多」的行為做出修正。

「想太多」並非沒自信之人的專利，也不是只會在某種人身上發生，每個人或多或少都有沒自信之處，所以都會有想太多的時候，多多少少會在腦海中上演小劇場，忍不住推敲情人的心理。如果可以自我覺察，及時揪出這個毛病還好，就怕越想越多，誤把自己的「推理」當成「事實」，要避免這種狀況，情侶之間的溝通管道要時時保持暢通才是最重要的喔！

人生勝組
幸福教戰

避免自己因想太多造成誤會

人與人之間本就易產生誤會摩擦。當你才是戀愛裡心思細膩的「想太多」情人時，你要如何避免自己動不動就懷疑對方，導致誤會叢生的情形？

避免冷戰過久

人在情緒激動時會做出較過分的事，當你和情人因誤會而產生衝突時，最好暫離現場。但絕不能冷淡太久，因為人與人之間的感情禁不起冷落，過度地冷落對方，還期待他示好，只代表你不夠在乎他。

沒有人完全了解另一個人

交往很久的情侶很容易有這種心態：「他和我這麼熟，怎麼可能不知道我是怎麼想的呢？」事實上因為這種「期待對方了解」的想法而造成誤會是多不勝數呢，所以還是凡事問清楚較好。

勿預設對方的想法

事情發生的時候，你可能會預設對方的立場，而一旦你有「他對不起我」的預設，在你想找對方講清楚時，態度自然不會很好，這會傷害到無辜的他，所以應不帶任何成見地和對方懇談。

講話不懂得拐彎的直爽漢子

沒有人是天生的社交高手，但一個人處理人際關係的能力正常來說會隨著年齡增長與閱歷增廣而成熟，但有些人會一直維持年輕時天真、直爽的本色，讓周圍的人替他捏把冷汗。

俊志是個陽光開朗的大男孩，性格雖然有點粗線條，但不失為一個重情重義的漢子，而他的女朋友惠香恰恰就是被他的這種個性吸引。然而惠香漸漸地發現，雖然俊志心地善良，但有時也太不會說話了！

更糟糕的是，俊志並非只有和自己在一起時才展現這種「真性情」，在惠香的朋友，甚至是父母面前，他也常常出錯，講出根本不該講的話。縱使惠香在現場如何百般暗示，請他結束不受歡迎的話題，但成效始終不高。

因為俊志的直爽每次都讓惠香得罪一票朋友，父母也不喜歡俊志，所以惠香也覺得俊志這種講話不看場面的個性應該改改，但是又不知道該怎麼著手矯正他的社交能力。

和直爽情人相處的首要心態

直爽情人的話有時雖然不中聽，但只要以「他只是開玩笑」的心態面對，你就會輕鬆很多，如果你是個口齒伶俐的人，甚至也能同樣以開玩笑的態度「直爽」一下，相信你們的生活一定常常充滿歡笑。千萬別認真地覺得直爽情人真的很討厭你或是在嘲笑你，所以講話句句帶刺、別有深意。過度解讀直爽情人的每一台詞，你將非常痛苦，因為許多時候他講的話僅是根據當下的氣氛所做的直接反應，並非深思熟慮後才出口的言論，你又何必隨著他的情緒起舞？

放輕鬆，是面對直爽情人的首要態度，但假如你本身並不是個開得起玩笑的人，也不喜歡他這種言談態度，不妨用以下技巧讓他修正自己的行為。

解讀直爽情人的心靈密碼

直爽情人大屬於外向性格，他積極且具自信、行動力強且反應快。然而很多時候就是因為他「反應太快」，加上缺乏社會經驗，而無法正確解讀他人的感受，所以做出連自己事後都後悔不已的事情。對這種行動派來說，他寧願失誤，也好過杵在旁邊猶豫半天，因為他認為犯了錯改進就好，但因猶豫而錯失良機則會讓自己懊悔許久。可惜的是，人際交往是門複雜的學問，很多時候人只有一次好好表現自己的機會，而直爽的傢伙就是最常搞砸第一印象的那種人。

其實每個人年輕氣盛的時候，多少都有不拘小節的毛病，但是隨著交際應酬的機會多了，碰壁也碰得多了，這種講話不看場面的狀況就會有所改善，並不是什麼嚴重的大問題。而且說真的，直爽情人也不是什麼大奸大惡之人，只是說話讓人火冒三丈，常常搞得場面很尷尬，易引起無妄之災，一旦他跨進你的生活圈，就會和你的親友產生摩擦。所以你必須扮演好「中介者」的角色，幫助你的親友了解他，這段愛情才不會因此夭折。

具體改善直爽情人的說話技巧

認知神經科學家洪蘭認為：「溝通是一門藝術，人人都會說話，但不見得每個人說出來的話別人都可以懂。」的確，因為聽的人不同，說的人也不同，再加上外在環境的變化，所以一樣的話有上百種解讀方式，想準確傳達自己的意思更需要技巧。而要改善直爽情人的說話技巧，有以下方式：

1.勿要求對方有「同理心」

人們被他人以言語刺傷時，都會請對方換位思考，期望對方可以理解他造成何種程度的傷害，但在直爽情人身上這招可不管用。因為他壓根就覺得自己的話語真誠、沒有惡意，就算別人以同樣的態度回敬他，他也會平靜接受。

所以你必須向他強調的是「個人差異」，強調並非每個人的個性都和他一樣，人們會很在意他的話，並解讀為負面的意涵，如此一來直爽情人就會有所收斂。

2. 嚴肅對待他所說的話

當你真的下定決心要使直爽情人社會化，以順利融入你的親友團，就不能有「反正他只會在我面前開開玩笑」、「其實他並無惡意」的這種想法。如果你以這種縱容的想法對待直爽情人，要他學會在他人面前謹言慎行就更難了。

所以，不管你知道他是有意或無意，開玩笑或是當真，你都要嚴肅地告訴他，他這麼講話讓人產生什麼樣的感覺。等他在親友面前漸漸懂得如何得體地表達自己時，你才可以讓他在你面前放鬆些。

3. 明確表達自己的感受

個性直爽的人神經比較大條，你期待他察覺現場氛圍因為他的話而有變動，會有點難度，所以當你覺得他的說話方式讓你或是周遭的人感到難受時，請你直接挑明了說，不要隱忍，也不要試圖用盡各種暗示，希望他自己醒悟。因為事實是，如果你隱忍並暗示他，在你氣死之前，他都不會感覺到事情的嚴重性。切記要面對面地溝通，讓他知道你很在意他這方面的態度，希望他有所改進。

親友也能歡喜接納直爽情人

要直爽漢子在彼此陌生的狀況下討得親友的歡心，當然比一個處世八面玲瓏的人難，然而並非沒有辦法改善他的不討喜，只要你在直爽情人和親友見面時，做到以下事項：

1. 告知他應避免的忌諱

最好先為他介紹這些家人朋友的背景以及個性，並於平日就灌輸他說話的藝術，告訴他直爽過了頭就叫做「白目」，必要時直接把本篇拿給他看，明示你個人覺得他也擁有的問題，這樣一來，他才更能掌握說話的技巧，比較清楚哪種話可以講，哪種話不能說。因為他粗枝大葉，所以你要細心地提點他，他的表現就會改善。

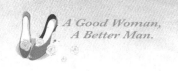

2.當他失言時，你要立刻轉移話題

直爽情人在眾人面前失言時，請不要擠眉弄眼地暗示，因為他的雷達很鈍，極有可能接收不到你的訊息。所以你要直接打斷他說的話，當機立斷地轉移話題，他才會意識到自己說的話不合適。最後記得在事後告訴他，你無法接受一位不為他人心情設想的情人，若他真心在乎這段關係，他會改變的。

3.鼓勵他發表正面評論

結果直爽情人因為不知道如何面對你的親友，又知道自己容易說錯話，所以在親友面前就過度沉默，給人沒有禮貌的印象？如果你的情人有這種不知道該說什麼的困擾，可以鼓勵他多發表「正面言論」。所謂的正面言論，不是胡吹亂捧，凡女士必稱「美女」或凡男士即稱「帥哥」，明明五十歲的熟女還硬說她看起來像二十八，這會給人一種過於虛偽與油腔滑調的感覺。

而是盡量不提負面話語，例如「胖子都很沒有自制力」，或是「當老師的都很囉唆」，因為這些話一旦說出口，很容易引起某些特定族群的不滿，而且也讓人覺得他欠缺氣度，處世不夠圓融，如果在場的人剛好有那些被批評的族群，更是雪上加霜。最好多說正面的評論，例如「很崇拜當老師的人」、「能夠唸到博士的人有一定的學識涵養」，這不但不會得罪他人，還將留給人溫文儒雅的好印象，畢竟誰不喜歡一個開口就說好話的人呢？

4. 不要過於雞婆

直爽情人無心機，再加上常常愛心爆發，當他聽到人們埋怨自己這裡不好、那裡不好時，馬上就會提出他自認為有效的建議，想要幫助對方。當然，對於很熟的朋友來說，這麼做很恰當，但如果是面對你的親友呢？你的親友只不過是隨便開個話題，你的情人還當真可就糟了，因為有時人們說自己的短處，是希望獲得別人正面的回饋。舉例來說，當你的好姊妹謙虛地說「我很胖」時，你的情人卻直接建議她一套減肥的計畫，絕對會得罪這種好姊妹。所以記得在事前就告訴他：別太雞婆，說好話就對了！

直爽漢子其實還算是頗受女性歡迎的交往對象，因為他乾脆不囉嗦，相處起來簡單無壓力。只要他學會多一點說話的技巧，還是有成為優質情人的潛力，所以千萬不要一時衝動就提分手，請你以保護稀有動物的態度，珍惜這段感情吧！

人生勝組
幸福教戰

直爽戀人迅速成熟的說話術

不會看場面的人易帶給人「不成熟」的感覺，所以該如何讓你的直爽情人短時間內可以在父母與親友面前看起來像個成熟的「社會人」呢？

調整講話速度與聲調

說話速度一旦快，不僅容易出錯，還會加深「說話不經大腦」的壞印象。所以要提醒情人，在見你的親友團時，說話速度稍微放慢，音量盡量降低，這樣做就可以帶給人成熟穩重的好印象。

適時沉默不是壞事

有的人不論在何種場合都很怕冷場，所以會刻意地不停說話、招呼別人。但是在見陌生的親友時，話多不如話好，對自己有把握並清楚知道的事情才回應，這絕對比說錯話之後連忙道歉穩重得多。

傾聽並表達自己的關心

整場話題的開頭都是「我」並不會帶給人穩重的感受。但是大方微笑，適時點頭給予回應，從對方身上找話題，勿專注於講自己的事情，就能傳達自己是關心並重視對方的，不會留給他人幼稚和自我中心的印象。

一秒臉就垮下來的暴躁男

如果要一個人絲毫沒有脾氣，老實說是不太可能的事情，而且假使真有這種人，因為他平常積壓了太多的不愉快，恐怕爆發起來的時候更可怕。然而有另一種讓人避之唯恐不及的人，小小的事情就可以惹得他暴跳如雷，和這種人相處其實壓力也滿大的。

怡君的男朋友建成性格一向急躁，心情不好的時候就口不擇言，偏偏他心情不好的時候特別多，諸如工作不順、路上塞車、餐廳上菜太慢等種種狀況都很容易讓建成抓狂。雖然不至於到肢體暴力的地步，但是建成那種不耐煩的神色也夠難看了。

很多時候開開心心的出來約會，建成卻總是化身為氣氛破壞者，搞得怡君好像得看他的臉色過日子，時時扮演陪笑安慰他的角色，但是怡君也有自己的情緒啊，所以兩人吵架的頻率也很高。雖然建成的脾氣來得快也去得快，事後也會主動求和，但是怡君不想兩人再這樣為微不足道的小事爭吵了。

他為何性格急躁？

人的性格千百種，能夠好好相處的情侶一定是已經渡過一段磨合期，在磨合期間，吵架是在所難免，尤其當你的情人剛好個性比較急躁，除非你是位柔情似水的小女人，能不厭其煩地安撫他的情緒，否則吵架的機率肯定不低。

他的個性急躁有多種因素，有的是先天遺傳，也有的和後天有關。你可以觀察情人急躁的態度是否只針對你，而非對全部的人都如此，如果他只有在面對你的時候會如此，很可能是因為他對你有不滿意之處，所以才會有這種態度，你只要把真正的問題談清楚並解決就好。

環境以及壓力，也會影響到一個人的脾氣。如果情人是從事高壓的工作，或是家裡發生很棘手的事情，情人的個性較為急躁也不足為奇。但不管是哪種因素使他性格急躁，可以確定的是，他不懂得放鬆自己，神經始終繃在很緊的狀態，所以情緒的沸點很低，才會小小的一件事情就足以引起他的不滿。

既然環境和工作壓力會讓人情緒緊繃，導致如此，你可以建議你的急躁情人多運動、聽音樂，也就是找一些自己有興趣的事情舒緩壓力，助他放鬆情緒，日子一久，他的火氣自然而然就不會這麼大。

和吵架王相處的秘訣

如果你的情人和故事裡的建成一樣，脾氣爆躁、性格衝動，在他發飆時，什麼樣的舉動可以助他冷靜下來，又不會影響到後續的約會氣氛呢？

1. 親暱舉動不可少

當急躁情人情緒失控時，你必須比他更冷靜，不要隨之起舞，一起生氣。此時，你要貼近對方，做一些親暱的舉動，看你是要抱住他，或是故意吻他氣得嘟起來的嘴唇都可以，相信只要不是太嚴重的事情，對方就算沒有立刻消氣，心也已經軟化了一半，不會太堅持自己的立場。但如果對方不願意讓你接近他，也請你就不要堅持，更別因為覺得對方很不識抬舉而怨懟，換其他方式讓他平復情緒就好。

2. 貼心絕非壞事

當急躁情人生氣時，你反而可以關心對方，說一些「你生氣沒關係，但不要氣壞自己的身體」之類的貼心話，或是倒杯水給他。如果天氣冷，也可以把自己的外套遞給他，讓他穿上。總之，就是以貼心的態度接近，說些關懷的話，將對方的注意力從「生氣」轉移到你的貼心行為。假如對方不領情，你也不要灰心，他可能只是暫時無法快速地轉換情緒，等一下就好了。

3. 幽默感是生活裡的調味劑

如果你平常並非嚴肅之人，對方也具有幽默感，當急躁情人又開始發飆時，你就可以故意說些有幽默感的話或是做些好笑的動作，例如：故意模仿他生氣的樣子、自我解嘲等等。但是用這招要謹慎，因為有些正在生氣的人不喜歡別人用幽默的態度面對他，這會讓他覺得對方不將自己的怒氣當一回事，如果情人的個性一板一眼，你就不適合使用這種方法。

當你使用以上方法對付急躁情人時，我相信他的情緒會慢慢被你安撫下來，此時再溫和地跟他溝通，效用會比較大，反之不先軟化他，而直接硬碰硬，絕對沒有好結果。

吵架的藝術

絕大多數的戀情都是吵散的。因為人在熟悉的愛人面前最不會掩飾自己，而情緒失控時，什麼事情不該做、什麼話不該說又難以辨明，所以在愛情當中，吵架是一門藝術，吵得好，可以加深彼此的了解，為感情加溫，吵得不好，就會直接斬斷戀情。

只要事情的發展不如預期，就會生氣並嚇壞交往對象的「吵架王情人」，一般來說都不太熟悉「吵架的藝術」，只是恣意揮霍自己的情緒。所以本身易受吵架王情人的影響或性格也非常急躁的你，要如何在起爭執時掌握狀況，而非任它演變到最壞的地步？

1.停下手邊所有的動作

胸中的怒火熊熊燃燒，已屆能量爆發之時，你應有所警惕地克制自己不要說任何話，做任何動作，接著，請你深呼吸。舉例來說，你是在家中和情人吵架，可以先去倒杯水，冷靜一下，等你再回到現場之後，就比較不會有脫序的行為發生。但當衝突是發生在公眾場合時，你要謹記，在公眾場合讓對方丟臉，保證會小事化大，大事鬧到無法收拾。所以，不幸地在公眾場合起衝突時，最好的做法就是先閉嘴，深呼吸後，把注意力轉到路旁的店家，或是街道的行人，而非執著在你憤怒的事情上。

2.思考衝突的來源

在你嘗試冷靜的期間，腦海要暫時把「我很生氣」的想法丟掉，而把思考重點擺在「為何會產生衝突」。這樣一來，你才可以跳脫自我本位的思考方式，站在對方的立場，體驗對方的感覺，也不會因為越想越氣，一時怒火攻心，做出讓自己後悔莫及的事情。而且搞不好這麼思考過後，你會發現一切只是很簡單的誤會，根本不值得把事情鬧得那麼大。

3.和對方溝通的態度

停下來仔細思考過後，你就可以嘗試和對方溝通了。此時，若你發現對方還是執著在「生氣」的層面，尚未恢復理智，那就不是溝通的好時機。暫時還不想放下身段去遷就對方的你可以先離開現場，而非再指責他沒有溝通誠意或是態度不佳，因為這樣「你一言，我一語」只會讓狀況更糟，還是先脫離烏煙瘴氣的環境吧！等到對方冷靜下來，談話才有意義。

當對方展現願意溝通的態度時，你要拋棄「你讓我很生氣」的指責性態度，而以「我感到受傷難過」的態度，平靜地述說自己的感受即可。

要求你一下子就做到上述事項確實很難，畢竟人不是一朝一夕就可以改變，但只要你把克制脾氣的技巧記在心上，想想對方的好，想想自己當初是如何愛上對方，一切會簡單得多。

吵架的禁忌言詞

為什麼有的人可以越吵越如膠似漆？因為他們知道有一些禁忌絕對不能觸碰，唯有在安全範圍之內吵架，才能讓感情永保安康，達成溝通的效果。那麼，你和急躁情人吵架時，究竟要避免哪些言詞，才不會讓狀況雪上加霜？

1. 批評對方的家人與隱痛

吵架是小倆口自己的事情，如果牽扯到對方的家人身上，就會把整個吵架的氣氛導向更不理智的地方，而前面我已經說過，和急躁情人溝通時保持冷靜相當重要，所以絕對禁止出現「你真的很沒家教」、「你爸媽怎麼教出你這種小孩」的這種話。而且對方主動向你提及心中的隱痛與傷口，一定是對你有高度的信賴，盡量避免拿此攻擊對方而引爆他的情緒地雷。

2. 全盤否認自己的愛

人們一氣之下很容易脫口說出：「其實我根本沒愛過你。」這句話比你想像得還要傷人，因為情人就是相信你愛他，所以才願意付出，這麼說無疑於毀掉對方對你的信賴基礎，讓他覺得自己像個傻子，完全抹滅過往的甜蜜情意。別說個性急躁之人，聽到這句話還可以保持優雅的人，真的是少之又少。

3. 要求分手

不少人喜歡在吵架的高潮時喊著要分手，這也絕對要避免，因為弄假成真的機率很高。這不僅等同於自己斷了以後和好的台階，也顯現出你對這份感情的不尊重。

和吵架王情人交往時，如果你不是很能自我掌控情緒，火爆的場面在所難免，但若能掌握上述幾個原則好好安撫他，狀況定會改善。換句話說，如果情人在爭執時出現失控的行為，諸如音量提高、口不擇言或甩門就走，這只能說明你的情人脾氣急躁，此時只要運用「以柔克剛」的方法軟化他即可，千萬不要硬碰硬。但是不管他再怎麼生氣，會動手的情人就不是一個好情人，當你的吵架王情人不只愛找架吵，還會對你動手時，決定交往下去之前，請三思。

人生勝組
幸福教戰

你絕對要避開的危險情人

個性急躁的情人也有很高的機率是會談戀愛談到上社會版的「危險情人」。當你留意到自己的情人有下列幾項特徵，就要提高警覺，趁早上岸。

有欺負弱小的惡習

如果你的情人有虐待小動物的行為，或是喜歡惡意欺負小孩的時候，你就要注意了。喜愛欺負弱小的人缺乏同理心，有朝一日，他也可能這樣殘忍地對待你。

習於用激烈且粗暴的言詞

人們生氣時講一些難聽話是正常的，但要是對方的言詞粗暴且具侮辱性，到難以入耳的地步，甚至有恐嚇的意味，就要注意了。因為他可能潛意識裡不尊重女性，是個不尊重他人意願的人。

有傷害自己或是他人之行為

你的情人在吵架時會動手嗎？或是他有自殘的紀錄呢？不管是自傷或是傷人，都是你應該要慢慢疏遠他的時候了，因為這代表他無法將自己的情緒控制在合理的範圍，表達自我的方法過度激烈，他需要的是心理治療，不是情人。

超級自戀的大老闆

情人之間互相幫助是很常見的事情，每個人和自己的情人都有獨特的一套互惠模式，這些互惠的舉動可以增加彼此的感情。然而有些情人對「付出」的認知與眾不同，時常導致另一方的心理不平衡。

美美的男朋友守信是個令男人羨慕的耀眼新星，年紀輕輕就坐上大企業的主管之位，而所有女人都羨慕美美釣到了這個金龜婿，但這段光鮮亮麗的戀情下，卻隱藏著美美不為人知的苦楚。

守信根本把美美當作屬下對待，繳交電費、打掃房間等等瑣事，他總是毫不客氣地請美美代勞。日子久了，美美覺得守信在這段感情裡的付出不足、態度差勁，自己實在很委屈；但守信覺得自己送的禮物都相當貴重，而且每年兩人都出國遊山玩水，時常出入高檔餐廳，若不是自己，美美根本不會體驗到這種物質享受，他對感情的付出已經很多了！於是這對情侶總是為了誰多做了什麼，誰又少做什麼，而不斷爭執。

過度計較，談不好戀愛

因為少子化與經濟環境變遷的緣故，每一個人都是父母親手上的珍寶，所以社會裡充斥著習慣他人替自己服務的老闆型情人。

然而在你抱怨自己的付出比較多之前，不妨先冷靜審視事實是否真是如此？兩個人相處，本就定然有一方的付出會較多，如果過度計較，什麼事都要分得一清二楚，那這本帳是怎麼都算不清的。而且除了「付出」難以量化之外，人們也易將自己的付出放大，並視他人的好意為理所當然。所以你可能沒有留意到，當你埋怨自己得為情人燒飯、買早餐的時候，情人也同樣地會照顧生病的你，或是專車接送你上下班。

你說道：「這本來就是他的義務。」

但是別忘記，世界上沒有人有義務替你做任何一件事情，即便你認為這件事有多平常，那都不是他欠你的。所以你覺得情人總是要求你做東做西，像個大老闆嗎？請先想想他平日對你的付出與關懷，如果兩相比較之下，你還是覺得心理不平衡，那很明顯就是——他所給予的，並非完全是你想要的。

倘若就連旁人都認為他總是過度要求你的寬容，而且在你跟他溝通之後，他還是我行我素，甚至認為自己本就值得你如此優待，恭喜你，你碰到了愛自己多過愛別人的「老闆型情人」。

一般來說，老闆型情人多多少少有點自信過頭，甚至可以說是到了自戀的地步。這種人總認為世界是圍繞著自己轉，人人都要為自己服務，換言之，他就是宇宙的中心，是最好的、最棒的、最惹人愛的、最優秀的人種。

所以不具同理心的他對別人的情緒波動反應駑鈍，但是只要自己的情緒受到侵犯，他就會立刻反擊。畢竟他擁有「特權」，那些人跟人交流時應顧及的禮貌，是給平民老百姓遵守的，不適用於他這種特別資優的人。只有在一種時候，他才會願意用平等的態度與對方相處，那就是他覺得對方的能力與智識和自己在同一個等級。一旦老闆型情人產生「你是我的粉絲」、「你不如我」的想法，恐怕他就會越來越驕傲，因為優秀的他也不欠缺一個可以使喚的丫環。

因此，不要以為一味地對他好，這段感情終會恢復平衡，你要站在和他平等的地位，不論是待人接物、專業素養或是外在條件上，你總要有一處強過他，讓他佩服你，你在他心目中才不會淪為打掃煮飯的苦命阿信。

注意！他被你寵壞的幾個特徵

但是有些人屬於犧牲奉獻的類型，唯有在替他人付出時，他才能感受到愛。如果你是這種人，就很容易把一個本來文質彬彬的君子寵成大老闆。所以當你的情人出現以下行為，你就要特別小心，他已經在往「大老闆」之路邁進了，請你立刻告知他停止這種令你不舒服的行為。記住，不能心軟，因為你若不即時制止，等到情人逐漸習慣利用你之後，再來修正他的行為就有點難度啦，「防患於未然」永遠是最好的辦法。

1. 失去耐性

他是不是易對你失去耐性，但是對其他朋友、親人、客戶、甚至是第一次見面的陌生人卻都很有耐心？他是不是在你講了不中聽的話時，立馬拉下臉，甚至是掛你電話？只要你沒有滿足情人的要求，他就會立即做出不開心的反應？如果你的答案都是「是」，就別幫情人找藉口，說他「只是個性比較急」。說穿了，他就是看準你不會有任何激動的反應，才會如此放任自己的脾氣。除非，他對朋友、親人、客戶也都是以這種衝動又直接的態度對待，你才可以說他是「本性如此」。

2. 以「命令式」的語句說話

所謂的命令式語句，和你有沒有說「謝謝」等客氣用語無關，也無關態度是強硬或撒嬌，只要你沒有給對方拒絕的空間，就是「命令」。說了「謝謝」，但臉上沒有笑容或感激之情，以柔軟的語氣講話，但仍讓人明白他的要求不可反駁，這兩種態度都算是「柔性的強勢」，不是真的尊重人。

如果情人總是用強勢的態度對你說話，認為你就是應該對他的命令甘之如飴，而所謂的「溝通」，也只是建立在他一人的想法之上，那麼不管他的表現是麼溫柔，說到底，他還是一個被寵壞的「老闆型情人」。

3. 挑剔東，挑剔西

他習慣挑剔你的樣貌，總是對你幫他做的事情感到不滿意，或是表現出當之無愧的模樣，別懷疑，他已經被寵壞了。因為每個人都有缺點或是不擅長的事，他會這樣批評你，並不代表他自己有多麼優秀，或是你本人有多麼差勁，他的挑剔只代表一件事情——他自認為淩駕你之上。

除非他在挑剔你的同時也感謝你的付出，或是同時也會自省，這才可以說他本身就追求完美，不挑剔不痛快。

和老闆型情人相處之道

老闆型情人最可能是賢慧能幹的女人寵出來的，因為這些女性為了展現自己對愛情毫無保留的付出，所以就對情人百依百順，沒有在最初就拉出一條界線，讓對方知道哪些事情是在你的能力範圍，而且你甘心付出，又有哪一些不是，難怪他會得寸進尺。但再怎麼懊惱也沒有用，如果你一開始沒有好好地堅持原則，如今已經寵出一位大老闆，究竟該怎麼辦呢？

1. 戒掉一邊唸一邊做的習慣

有些人很有趣，喜歡「一邊唸一邊做」。

當你一邊對情人或親友抱怨，卻還是動手幫對方做事情，這很容易讓人忽略你的抱怨，以為你只是喜歡嘮叨而已，不會正視你的問題。所以想改變你的老闆情人，請下定決心實施鐵腕政策。說不幫忙就不幫忙，不管對方是強硬地向你反抗，或是柔性地央求撒嬌，你都不予理會，而且不是堅持一次、兩次就放棄，而是一直堅持下去。若你擔心對方因此不愛你，覺得你實在不是好伴侶，那也很簡單，你就甘心情願地當他的小秘書吧！

不要再抱怨了，要改造老闆情人，就請你將原則堅持到底，不要有那麼多的理由，不然就換一種心態，甘心付出。幫人家做事，卻做得不甘不願，不幫人家做事，又擔心破壞自己賢良淑德的形象，這樣你永遠不快樂。

2. 用溫和堅定的語氣溝通

在和老闆型情人溝通時，請你拋棄指責的語氣，例如：「我每天替你做早餐，你知不知道這樣會害我至少少睡半個小時？」「你知道幫你繳水電費有多麻煩嗎？其實我根本不順路！」這樣會讓驕傲的他覺得你在討人情，盛怒之下可能再也不會讓你服務，雖然你的問題表面上看起來已經解決，但他的心中難免存有芥蒂。建議你溫和、誠懇地拒絕他的要求，並明確地告知他，你幫他做這些事情會對你造成負擔，這些並不是「順便」的舉手之勞。

3. 指導情人該如何付出

有些老闆型情人並不是你以為的不懂得付出，而是「不會」。畢竟每個人的價值觀都不一樣，也許對方覺得每天接送你上下班是一種愛的付出，但你卻寧願自己開車；也許你覺得參加對方的家庭聚會對你來說是件神經緊繃的事，你是因為愛他才勉強參加，但對方卻以為你很喜歡和他的家人一起吃吃喝喝，並不覺得你有任何的犧牲付出。

所以你有義務告知情人自己的喜惡與感受，當你話說得越清楚明白，就越容易得到自己想要的東西，對方也能視情況調整自己的腳步，這段感情就能順利地繼續進行下去。

感情的付出說穿了就是要兩廂情願，誰多誰少不重要，彼此甘心就好。在這個世界裡沒有誰對誰錯，也不用和他人比較，遇到老闆型情人，如果本身樂意犧牲奉獻，從情人的需求中感受自己的存在，那倒還好，怕得就是付出的同時也活在怨恨、不甘或是被遺棄的恐懼當中。愛情是以雙方的快樂為目的，人生痛苦和無奈的事情很多，何必連談戀愛都弄得自己悲苦淒慘，逼迫自己極端忍耐呢？

人生勝組 幸福教戰

你應該小心的自戀型情人

心理學上的「自戀型人格」有缺乏同理心等特點，這部分類似老闆型情人，但他還有下列其他特徵。

表達方式過於誇張

自戀型人格疾患者，對情緒的表達比常人激烈，一般人會努力克制自己的情緒，然而他們視情緒失控為正常。如果你的老闆型情人只是偶而講話大聲或霸道還好，但發現他過常情緒失控時，你就要漸漸淡出他的生活。

易交淺而言深

這個意思是說，這類型的情人對你們的感情和關係的認知程度，與你存在著巨大的差距。或許你覺得彼此還不熟悉，但是他已經擺出一副世界上你最重要、非你莫娶的態度。千萬別被他的這種態度感動，此時他有多愛你，你屆時想離開他就有多困難。

同時和多名女性交往

因為自戀而缺乏同理心，他覺得自己應該有特殊待遇，如果有機會的話，自戀型人格疾患者不僅不排斥，甚至會主動尋求劈腿的機會。

Part 6

顯性爛情人 白目炎

白目不分年齡、種族，不分身高、性別，

人人都有可能當過白目。

在愛情當中，只要過度粗心而使情人受傷，

還不知道自己何錯之有，就是白目。

你該如何讓情人的罩子放亮點，

不再為這種傷害感情的小事苦惱呢？

老是在想當初的念舊王

昔日的戀情或多或少都會在心中留下痕跡，每個人的心中總有一個揮之不去的人影。偶爾回想之前的甜蜜，感嘆人事全非、滄海桑田是無可厚非的一件事，怕的是對過去的執著已經影響到目前的戀情，讓現任情人覺得不愉快。

已經深夜兩點，嘉玲還是睡不著，因為她今天下午才和男朋友家偉為了前女友而大吵一架。這已經不是兩人第一次為了前女友吵架了，家偉不只一次在談話中提及小玉，嘉玲知道家偉是個念舊的人，當初她也是因為他並非一個會輕易放棄一段感情的可靠男人，所以才和他交往，沒想到如今自己會因為「前女友」的問題如此苦惱。

而且家偉總是把小玉和她放在天秤上比較，她已經受不了家偉那種「以小玉為標竿」的態度了，她是她，完全不需要向小玉看齊。

這種「不是他最愛的人」的心結讓嘉玲的情緒更加敏感，對這段感情也更沒有信心，但她卻不知道要如何改善這種狀況。

什麼樣的心態造就「念舊男」？

念舊的人不是壞人，他只是還停留在過去的時空，反覆品嚐已經不會再回頭的愛恨情仇。你能做的就是助他從昔日戀情的影響中重生，拋棄舊有的負擔，邁向屬於自己的新生命。要完全忘記過去，說實在的，是真有難度，但至少你可以幫助情人正常地過現在的生活。

想知道情人為何對前任如此牽掛，你首先要了解他的心態。以下是幾個能使他產生這種情愫的原因：

1. 和前女友共同經歷過生命的重大事件

如果他和前女友的交往期間剛好有發生過很震撼的事件，或是一起渡過人生低潮，那麼情人對前女友的印象自然會特別深刻。這種狀況其實是無傷大雅的，因為每個人的一生中都會有刻骨銘心的事情發生，你應該用理解的心態去包容。

2. 前段感情還有未了結的事

如果前女友提的分手方式是搞失蹤、故意漸行漸遠，或是基於外力因素而無奈分手，那你的情人很可能還陷在「為什麼會這樣」的疑惑中。也有另一種情況，就是他對前女友說了一些不該說的話，很想彌補卻一直沒有機會，所以他心裡十分介懷。如果是這兩種狀況的話，其實你可以給情人一些空間，讓他了結自己的情緒，為故事畫下句點。

但所謂的了結，不一定要找到前女友，而是建議情人藉由把心情寫成一封信，然後選擇燒掉或是寄給前女友等方法，也就是給自己一個「結束的儀式」，這樣他的心理負擔會比較輕，儀式結束後，情人對前女友的感情應該也會趨向正常。

3. 本性如此

有的人天生就是比較纖細善感，生命中的任何人事物都能深深撼動他的心靈，這種人感性溫和，你覺得他怎麼對前女友這麼好，其實他對你也不會差太多。換個角度想，一個對前任異常無情的人不是也滿可怕的嗎？因為搞不好有一天你也會成為前任呢。

總之不管情人念舊的心態為何，重點是，「念舊」並不等於他「想復合」，「牽掛」也不一定等於「愛」，前女友只是他心中尚未熄滅的小火苗，滅掉它就好，離變成燎原大火，燒毀你們的感情還遠呢。

為何我會如此在意前女友？

每個人面對前女友這種生物的態度都不一樣，有些女孩淡然處之，但是有一些人就會過度在意，甚至去調查前女友或是故意刺探情人對前女友的態度。這種過度在意的反應，才是讓前女友這小火苗變成燎原大火的危險舉動。

會過度在意前女友的女性大多單純、戀愛經驗少，就是因為自己的經歷不多，所以容易加重前女友的份量，如果你本身經歷過幾次愛情風暴的洗禮，我相信你會將心比心，不會把情人的前女友看得太嚴重，也不會把情人對前女友的反應無限上綱。

如果你是這種單純的女孩，請你務必了解：著眼於無法改變的事情是沒有用的，不如著眼於你跟情人在現實生活的互動，好好維繫感情才是真的。

此外，用情較深，或是重感情的人也會因為太在乎，而將小事情放大解讀。建議你多找點事情讓自己做，轉移自己的生活重心，這對雙方都好。搞不好當你的生活被其他有趣的事物填滿後，再回頭看看當初那個困在「前女友情節」的自己，你會覺得自己真無聊呢！

最後一種情況是，你戀愛的經驗並不少，也是很理智的女性，卻仍然懷疑情人對前女友舊情未斷，那你就要仔細地分析自己到底為什麼會有這種感受。真的是你自己多疑？還是情人的生活細節無處沒有前女友的影子？

當你這個「他還在想前女友」的結論是以私底下的動作（不小心發現情人的網頁瀏覽記錄、無意間進去情人的房間，看到他和前女友往來的書信與合照等等）得來的，他在你面前是絕口不提前女友，請你先假裝沒看見這些東西，等情人有進一步的異常再說，以免對方以侵犯隱私為藉口生事。

如何讓情人正視現實中的你？

當情人會當面提起前女友，並放任前女友出現在你們的生活裡時，你就該正視這種狀況，很顯然的，前女友在他的心中還是有一定地位。法國心理作家海倫娜・維克雅迪於多年的診斷經驗中發現，多數人會在心中保留一段刻骨銘心的愛情，有些甚至是他們虛構的。

念舊情人心目中的前女友，已經不是一個現實的人物，而是經過美化和虛構的作用，她可能僅是一個理想的情人模型，是一個完美的女神，只要他對現實不滿，這位理想情人就會在他的心中蠢蠢欲動，所以你要做的是，善意地提醒他回到現實，正視現實中美麗迷人的你，打敗他心目中完美無缺的女神形象，不再口口聲聲都是前女友。

1. 以輕鬆的口吻談及過往

當你看到情人對著前女友相片發呆時，或是保留前女友的信件時，你可以用比較俏皮輕鬆的態度去面對這一切，把那一些東西視為他的「回憶」，人生的一部分。比如說，你可以故意開玩笑地說道：

「啊！你『那個時候』看起來和現在差很多，現在比較好看。」

「喔……原來你『以前』喜歡這樣的女孩啊。」

這麼做的好處是，可以不著痕跡地讓情人意識到，那段過往真的已經過去了。

如果你硬是一臉委屈地控訴他還保留之前的信件與照片，質問他是不是還喜歡對方，這等同於把他過去的情人又拉回你們的生活，影響到你們的感情。而且你一旦開始爭執，對方的心裡難免不愉快、對你難免有怨言，因為這個怨言，他心中那位完美無缺的前女友馬上就鮮明起來了！畢竟活在回憶中的人不會犯錯、不會和他吵架。這是你想要的嗎？

2. 當他提到前任時，就轉移話題

身為被拿來跟前女友比較的現任女友，心裡肯定會不舒服，所以你可以在情人述說過往情史的時候，主動轉移話題，幾次之後情人就會發現你對這個話題並不是

很感興趣，會克制住自己談起前女友的念頭，而你也不會落個「愛吃醋」的惡名。將這個話題輕描淡寫地帶過，不要引起激烈的爭執，因為當你越是在意他的舊情人，你的男朋友就越會覺得「舊情人」很重要，唯有以完全不把前女友當回事、這根本不是問題的態度，他才會覺得舊情人真的沒什麼。

3. 製造更多美好回憶

舊情人之所以美好，可能是因為他們之前交往一段很長的時間，有過很多美麗的回憶，交往時間比較短的你的確有點吃虧，不過沒關係，美好回憶是可以再被製造的，感情也是隨著時間的累積而逐漸加深的，不妨把情人對前任的懷念看成一段過渡期，努力製造屬於你們兩人的美好時刻，有一天，你就會是他心目中獨一無二的女神。

應該要小心的「念舊」

如果情人心目中美好的前女友仍在他的生活圈當中，那你就要提高警覺了，你除了用以上的態度，溫柔提醒他前任只是一段不重要的回憶，還要觀察「他們之間有無實際聯絡」，如果情人和前任因為種種關係而有見面，前任還很喜歡搞一些小動作，用「工作」、「辦同學會」等光明正大的理由找你的情人出來聊天吃飯，對外一律用「我們現在只是朋友」的理由藉機搞破壞，建議你就要直接說出你的感覺，千萬不可以裝大方，催眠自己一切沒問題。

當你提出保持距離的要求時，情人的態度若是誠懇道歉或馬上答應，而後續也真的謹守分寸，那就沒有問題，比較有問題的是，情人覺得這種偶然吃吃飯、喝喝咖啡的互動確實沒什麼，甚至還有「兩人的感情已經昇華到如兄妹一般」的這種說法出現，這個時候你就要採取行動了。

的確，有些人可以和前任當朋友，或許他們的生活圈重疊，或許他們彼此有互相合作的利益關係，但不管是何種狀況，既然斷絕他們的聯絡已經不可行，那最好的方法就是你誠心地和這位前女友交個朋友，當姊妹淘，你可以幫她解決一些生活上的小困擾。這樣對方如果要和你的情人舊情復燃時，她多少會有點羞恥心，知道自己不可以。這麼做還有另一個好處，就是如果他們兩人之間真有什麼，你只要細心些，很容易發現的。

如果情人拒絕與她斷絕聯絡，你以自然的態度提出要和前女友見見面、當個朋友，他也不是很願意，那就代表對方不懂得拿捏男女之間的分際，也可以肯定他不是很在乎你的感受，是屬於比較自我中心的人，你必須衡量自己是否可以接受他這種談感情的態度。

總之，「念舊」不是很嚴重，這個問題若處理得當，反而顯現出你的成熟和智慧。在和念舊男友談及前女友議題的同時，你若透過主動提問，了解到他的感情歷程，進而抓到一些經營關係的訣竅，也是一件好事。所以說，「情人念著前女友」也可以是一件正面的事情，就看聰明的你如何引導啦。

人生勝組

幸福教戰

有建設性的和念舊男友討論舊情人

當現任情人提起他的前任情人這個話題時，留意以下三點，將使此話題更具建設性。

留意之前分手原因

和情人談前任議題時，重心宜放在分手原因。分手原因如果是個性不合，自己是不是和前女友一樣，有不被情人接受的個性？如果是因為現實壓力、家庭環境不能配合，那麼自己是不是擁有一樣的狀況？這些資訊可是保住這段戀情的重要線索呢！

留意情人的喜惡

在和情人談前女友時，你其實可多少聊一下前女友讓他開心或是不開心的行為，透過談論這部分，你可知道情人的喜惡，加深對他的了解。

留意情人在感情上盲點

每個人在感情上總有一些看不透的盲點，很容易犯同樣的錯誤，若在談前任女友的過程中，你發現他有感情上的盲點，反而可以適時提點情人。

奪命連環call的醋罈子

很少人可以保證他在愛情當中完全沒有吃過醋，因為過於在乎，因為不能忍受失去，所以人們多多少少都會把眼光停留在自以為的假想敵身上。有的人會自己開解自己的情緒，理智地告誡自己別想太多，但部分的人會將內心的不安付諸行動，鬧得情人大呼受不了。

佳慧的情人志剛有個缺點，就是非常的愛吃醋、愛查勤。舉凡佳慧的男性友人、男同事、男主管都是志剛懷疑的對象，偏偏佳慧的個性本來就比較大方活潑，且生活環境裡就比較少有女性，如果要刻意因為性別而選擇朋友的話，她可以交的朋友可說是非常少。

她不懂志剛怎麼會對她的男同事和同學防備心這麼重？現在都什麼時代了！志剛竟然還會堅持這種「男女之間沒有純友誼」的想法，她實在很想改變志剛的觀念，但卻不知道從何做起。

適度的吃醋是愛情的調味劑

你覺得你的情人愛吃醋嗎？其實「嫉妒」這種東西在愛情當中出現是正常的，甚至對戀愛有著積極作用，適度的嫉妒可以顯示一個人對情人的在乎，甚至有些女性會藉由和異性談笑引起情人的注意，讓情人更關心自己。人們不會去在意無關人士的一舉一動，所以愛吃醋情人的心目中一定有你的存在。

但是每個人對醋意的承受程度不同，有些人覺得情人不希望他和異性友人頻繁聯絡是十分正常的事情，而且是一種愛的表示，情人不吃醋他反而覺得怪怪的；但是有些人就會認為他有自己的交友圈，所謂的「交友」當然不分男女，自己掌握得住分寸即可。如果你是一位能享受情人的醋意並且在其中感覺到愛意的女性，那就根本不會有任何問題，但若你偏偏是一位愛好自由且獨立的女子，自然會覺得情人的懷疑不但可笑，而且沒有理由，也不夠尊重你，連你的交友圈都要管制。

其實要解決這種問題，得先抓出醋罈子情人的心病到底在哪，要不然兩人再怎麼溝通，還是不會有交集。

為何男子漢卻偏愛吃醋？

一般大眾的刻板印象都是女性比較愛吃醋，但其實吃醋根本不分男女，而是關乎個人的處境和成長歷程，有的男性吃起醋來比女人更讓人覺得吃不消。一般來說，自信心越高夠、獲得的關愛越多的人，傾向正面思考，不太會因為一點小事，就覺得自己被忽略而大吃飛醋；自信心不足的情人則是不管你怎麼做，他們都會覺得你對別人比較好。除自信問題之外，情人愛吃醋可能有以下原因：

1. 擁有被背叛的經驗

精神分析學家認為，幼年時期母親轉身離開的那一刻，就是一個人人生當中真正有「嫉妒」這種感受的時刻。孩童因為母親的離去，強烈感受到背叛和不安，日後隨著年紀增長而遇到的種種嫉妒之情，其實都只是在重複幼年時媽媽轉身離去的那種痛苦感受。

二十世紀法國精神分析大師拉岡進一步解釋，這種痛苦非常必要，因為它讓幼兒學習獨立，斬斷對媽媽的依賴。有的人可以接受這個自己不再是世界中心的事實，也了解到這個世界還有弟弟、妹妹或其他更需要媽媽關注的事情，但是有些幼兒則十分不能接受這個事實。對於無法接受這個事實的人來說，從此世界上就再也沒有人可以信任了，所以在他成年談戀愛時，這種不安、被背叛的情緒還是會不斷縈繞他的心中。

又或是在成長過程中，情人的父母如果離異、外遇、感情不睦，甚至父母親其中一方就是不信賴伴侶，他日後也會覺得感情不可信賴。

2.他本身不會無故接近女性

人在推斷別人的想法或是動作背後的意涵時，常常有一種心理學家所稱的「投射效應」。所謂的投射效應，就是假設自己和他人具有相同的屬性。比如說喜歡工作的人會以為大家都和他一樣熱愛自己工作，個性單純的人就覺得別人也如自己一樣單純。

所以說，當你覺得和男同事多聊幾句或是和異性交朋友根本沒什麼大不了，但是情人卻大動肝火的時候，可能就是因為他和女同事多聊或和女性友人聯絡時，都帶著想要追求或接近對方的心理，所以才會有這種投射心態，覺得別的男人都像自己一樣，只要接近就是不懷好意。

3.雙方條件有所差異

不管實際上是哪一方的條件較好，通常會吃醋的都是「自覺」條件上比較弱勢的一方（還是有人條件不錯，但是覺得自己比對方遜色的），因為覺得自己不該擁有這麼好的對象，所以就開始草木皆兵地懷疑起情人身邊的異性。他戴著有色的眼鏡看人，所以怎麼看都覺得那些接近你的異性大有問題，而且個個都比自己優秀。有些人會因為承受不了這種龐大的壓力而跟你吵架，甚至分手，畢竟不是每個男性都如人們想像中的堅強，他會寧願尋找一個不會讓自己有如此大壓力的對象。

和醋罈子相處的要訣

不管情人愛吃醋的原因是上述哪幾個，即時的溝通很重要，因為每個人的生長環境不同，對異性之間該拿捏的尺度、對事情的看法也不同，這滴愛情的醋會變味、酸澀，漸漸的讓人覺得苦不堪言，成為情侶的隔閡。

醋罈子情人，其實是比較缺乏安全感的類型，需要不斷主動地安撫，並拿出「事實」來穩定他的情緒，讓他的不安感降至最低。會是醋罈子的男性通常心思比較細膩，與其氣他「怎麼會這樣想」、「為何不信任我」，不如先反省一下自己到底做了什麼，讓他如此不信任，並要有耐心地問他為何會這樣想？怎麼會有這種心態？把他的心結抓出來，你才可以知道到底是哪種行為、哪些話語容易讓他產生過度聯想，進而溝通彼此觀念上的差異。一味的責怪對方不夠大器是無用的，不如採用正面的方式，直接化解對方心裡的疑慮，尤其是神經比較大條的、異性緣比較好的女性，更是要注意做到以下事項：

1.行蹤要據實以告

如果有個醋罈子情人，你最好主動報備行蹤，而且一定要「事先報備」，可以省去他不必要的懷疑，不要等事後才和情人說，因為這樣感覺比較沒有這麼尊重他。如果你因為臨時有事而無法立即和情人取得聯繫，來不及報備，建議你事後要馬上向他說明你去了哪裡？為何沒有先告知？這樣一來他的疑慮就會降低。

有些人和異性客戶或朋友有所接觸，但因為怕另一半多疑，所以故意說是和同性友人或客戶出去，其實這樣很不好。如果情人從頭到尾都沒有識破你的謊言就算了，一旦你被發現，就算真的「沒什麼」，也會被認為「有什麼」。誠實才是上策，既然心裡無愧無懼，那你有什麼好害怕的？

2.主動介紹他認識身邊的異性

最好在平常就主動和情人談到身邊的異性，哪一位是客戶，哪一位是同學，哪一位是你們根本不可能在一起的老朋友，哪一位是最近才聯絡上的熟人。把男朋友的疑慮降到最低，不要有任何讓他感到不放心的地方。

3.和異性友人有約時，記得帶上男友

有些男性比較大膽，不會迴避有男朋友的女性，他認為「結婚之前人人有機會」。當你懷疑某位異性友人好像對你有一點意思，常常找各種藉口和你聯絡，但是你又怕因為自己想太多而平白失去一段友誼時，你可以帶男朋友出席這位異性友人的聚會。

如果「異性友人對你有好感」只是你自己過敏的話，藉此讓情人明白你們之間真的沒什麼，他也就不會吃醋；如果異性友人對你真的有點特殊感覺，情人的出席也可以讓對方了解你的立場，徹底死了這條心。

4.調整自己和異性的距離

你的個性真的比較大方，與異性接觸的尺度比較寬，有習慣和男性勾肩搭背、稱兄道弟的行為，交了男朋友之後，你就要調整自己和異性的距離，直到和男友取得共識，不要只會嘴硬地堅持說道：「反正我自己知道我沒有越界，我的個性本就如此。」畢竟這場戀愛不是你一人在談而已，重點不只是「你自覺沒有問題」，而是要讓對方也覺得沒問題，或許你覺得有男朋友之後，和男性友人吃飯只要有報備過就好，但不是全世界的人都有義務按照你的邏輯去思考。如果你不願意調整自身

的態度，不如就選擇一個和你一樣尺度比較寬的男性交往，別去為難你的醋罈子情人。

5. 多多稱讚他

有些人比較沒有自信，不知道自己究竟有多好，愛吃醋的人大半都是屬於這種，因為人並不會去嫉妒劣於自身的對象。

所以你可以多多稱讚你的醋罈子情人，對他的優點多加表揚，讓對方知道他在你眼中有多完美，不要吝嗇於你的甜言蜜語，如果幾句好話就能解決這個困擾你已久的問題，為何不說出來呢？

危險的醋罈子情人

其實一個男人吃醋時的態度可以顯示出他的人品和教養，如果你的情人吃醋時會碎碎念、講話比較大聲，或是酸溜溜地說幾句讓你氣得發昏的話，這都還在可以容忍的範圍，只要掌握上述提供的訣竅和他溝通即可。

值得你留意的是，如果他吃醋時會做出不理性的行為，諸如限制你的行蹤、不斷地奪命連環CALL、跟蹤你，甚至跳過和你溝通這個步驟，直接去找他所懷疑的對象（例如：你的老闆、男性友人），或傷害你的身體，請你立即清醒！這個人絕對不是太愛你了，而是有人格上的瑕疵，把你視為屬於他的一項物品。遇到這種危險情人，請速速逃離吧！

總之，「細心」是面對醋罈子情人的不二法門，個性比較海派大方的女孩子，在和異性接觸相處時，只要多想一點、多注意一下準沒錯。這不只對你的愛情有助益，也可以避免無辜的異性誤會你的不避諱而多做聯想，替自己增加一件麻煩事。我們不可能控制別人的想法，就只能由端正自身做起了。而耐心溝通是改變醋罈子情人觀念的唯一解藥，如果能不嫌麻煩地安撫他，日子久了絕對有成效。

人生勝組 幸福教戰

小心！醋罈子已經打翻了

有些醋罈子情人是不會說出自己吃醋，如果你發現男朋友有以下行為，就代表他的醋罈子已經打翻，好好和他談談吧！

打電話次數增加

如果情人突然增加打電話給你的次數，本來一天固定打一通電話，突然暴增到三、四通甚至更多，那就代表他的心中對你已經有所懷疑，所以老是找機會想要查勤，不要忽略這個警訊，直接問清楚他心裡在想什麼吧！

說話態度改變

當你稱讚某位男性時，他會說些不以為然的話，或表現得特別沉默，你就不要再繼續稱讚那位男性了。日後再也不要在情人面前提起與那位男性相關事情，要不然保證那位男性就是日後破壞感情的地雷。

刻意轉移話題

如果情人平常不算是個多話的人，但是當你提到某位男性時，他的反應是轉移話題，並表現得特別多話，要注意囉，他是故意壓抑自己不開心的情緒，而且並不想聽你繼續談論那位男性，就此打住這個話題吧！

食之無味的雞肋情人

戀愛進入平淡期是每一對情侶的必經路程，到了平淡期的情侶有時候會比較疏於經營感情，對待對方如同對待家人一樣，如果兩個人都很安於這種現狀還好，怕得是有一方不滿足於這種狀況而內心蠢蠢欲動，宜欣和建華就是進入平淡期的一對情侶。

別的女孩子過節是要求驚喜、浪漫與花束，而宜欣過節只有自己要來的禮物、自己向建華建議要去的餐廳，連半支圓仔花都沒有。

除了過節的問題之外，建華對自己的外在也日益放縱，完全不顧及形象，這個問題宜欣其實很想和建華懇談，但又怕建華誤以為她膚淺、虛華，過於重視外表和節日的排場。

面對這位不知道要營造情趣，個性上也過度實際的雞肋男，宜欣真的需要讓這段感情重燃熱情的愛火，照亮她現在的平淡生活……。

打通雞肋男的任督二脈

雞肋情人有兩種類型，一種是天性如此，另一種則是因為交往過久，該有的火花漸趨平淡，該玩的花招也用得差不多，再加上兩人已經十分親密，毫無神秘感，所以才不再出現浪漫的行為和舉動。

如果你的雞肋情人一開始就不太會以甜言蜜語討好女孩子，那他的個性應該是理性強於感性，如果你也是位理性較強的女性當然沒有問題，若不巧你剛好是感性比較強的女人，你們之間難免就會有些不愉快。因為過度理性的人習慣看事實與數據說話，他的思考模式傾向「如何解決問題」。

所以說，當感性比較強的你問道：「你有多愛我」、「如果你媽媽和我一起發生危險，你會先救哪個」這種假設性的問題，他不會說出一串甜蜜情話，而是十分苦惱，覺得你在找麻煩，情侶之間的隔閡於焉而生。

那有沒有辦法可以改變這種狀況呢？還是有的，畢竟浪漫、感性的細胞雖然不是每個人都具有，但是靠後天的努力還是可以改善。

1. 學會「有話直說」

和天生就較為理性的雞肋情人溝通，不要裝腔作勢，彎彎曲曲，事情就會簡單很多，否則你只是讓他進一步陷入五里霧中，不知道到底發生什麼事。所謂的「裝腔作勢與彎彎曲曲」就是假裝說「情人節不重要啦！沒過也沒關係」之類的話，對方送你花束時，你明明很高興，卻故意要罵他「浪費錢」，以表現自己的賢良淑德。總之，直來直往準沒錯。

起初你可以告訴他過兩天就是情人節，你希望兩人之間能有一些特別的紀念方式，例如互送禮物、事先訂好餐廳或是舉辦活動。或許你會認為這樣的做法很煞風景，一點意義都沒有，但是人是需要學習的，直接告訴他自己喜歡的模式，久了之後他就能抓得住你的喜好，自然也就不必你多所提醒。

有些人的浪漫是需要你多提點、讓他累積一些經驗值，等他抓到訣竅後，自然就會運用自如。講明白，說清楚，給情人一個學習的機會吧！

2. 當他做出改變時，鼓勵他

有些女孩子對浪漫的期望值比較高，平凡的花招無法引起她的興趣。但是如果你的情人本身性格無趣，當他偶爾福至心靈給你一點點驚喜，哪怕只是送你一朵小花，哪怕你覺得他搞浪漫的手法像是搞笑，請你為他大力地鼓掌，表現感動萬分的模樣，不要澆熄他的熱情，這樣下次你才有驚喜可以期待啊！如果你毫無反應，甚至因為覺得他的行為不符合你的期待而語帶嘲諷，我想你下次就別期待他會有什麼好表現了。

3.舉出「搞浪漫」的實例讓他觀摩

在和情人聊天時，你可以多多提及別對情侶是怎樣過節或是製造浪漫（前提是不要用比較與諷刺的口吻，讓他的自尊受損，講話的語氣要聽起來像是「建議」而非「嫌棄」），聽久了，情人自然也就知道下次該如何表示。

學會製造浪漫的過程其實真的很不浪漫，但天下沒有白吃的午餐，真的想要讓食之無味的雞肋變成美味佳餚，脫胎換骨，你也只能這樣努力囉。

重燃愛火的密技

若你的雞肋情人是因為交往多年才變得食之無味，那你就必須認知到，一段感情會走到沒有火花，絕對是兩個人的責任，你覺得身邊不解風情、不懂浪漫的雞肋情人真是讓人受不了，但是請問你自己做了什麼得以為這段感情增添色彩、保鮮加溫的努力呢？

有的人個性本來就比較穩定，不喜變動，有的人喜歡生活多些變化，這些都沒有錯，但是若你自己不付諸努力，就一直期待別人帶給你心中想要的感覺和驚喜，這就有點強人所難了。所以，要點燃戀愛的火花，改變現況，請由自身做起。

1. 注重形象

男性在決定追求女性或和女性交往之時，很難第一眼就看內涵和智慧，畢竟大家相識不深，一定是你的外表有讓他動心之處，才會讓他有想追求、交往的衝動。但是很多女性度過交往的穩定時期後，就開始放縱自己的外表，和剛開始談戀愛的時候相差很多。

本身定力不夠的男性就會被外面更美麗的女人吸引，比較不會見異思遷的男性，隨著你的放鬆也放鬆自己，於是標準身材沒了、精心安排的約會也沒了、浪漫的驚喜也消失了。畢竟對著一個疏於打理自己的女人耍浪漫、搞情調，也是很怪異的一件事情。

所以女人就算不愛化妝，也要懂得保養自己的身體、維持自己的身材，這是對自我形象的尊重，也可以說是「愛自己」的行為。要當情人眼中的小公主，就要真的把自己當公主一樣好好呵護，當你越來越光鮮迷人時，相信你的雞肋情人對你的態度也會有良好的轉變。

2.維持一定距離

你在交往時期就已經以交往對象家裡的媳婦自居，不只對方家人的生日必定禮到人也到，連對方家人的瑣事都一一打點到好，服務周到。對自己父母都沒有這麼孝順，這是很不明智的作法。

其實身為「女朋友」有女朋友應該做的事，身為「媳婦」有媳婦應盡的責任義務，如果你真的賢慧識大體，婚後不怕沒有機會表現，如果在婚前就做到所有「媳婦」該做的事情，很難期待對方對你有對女朋友般的寵愛行為，因為你已經把自己的身分定位為「妻子」，不會變動、不須操心，還全年無休地提供服務，很少男人會刻意對自己結識多年的妻子要浪漫的。

況且你如此展現自己的孝順，只是讓對方的家庭習慣你的付出，把你的付出當作是應該的，如果有朝一日你不想繼續這樣服務下去，對方只會怪你，而不會感念你以往的付出。所以結婚之前還是和對方的家庭保持適當、禮貌的距離，可以參加他們家庭的聚會，認識交往對象的家庭成員，但那種要出錢出力的事情，你還是省著點吧！這樣才可以使戀情保鮮，又讓自己贏得應該有的尊重。

3. 避免同居

婚前同居，一直是個滿有爭議性的話題，在台灣社會，還停留在「只能做，不能說」的地步，其實「同居」是一種有婚姻實質而無婚姻名分的狀態，進入同居狀態的女性一般來說都會主動負擔起家務，從光鮮亮麗出門約會的可人兒，變成男人第二個媽。她自動變得嘮叨，又不愛打扮，再加上家務分配和金錢支出的問題，讓熱戀期就此提早結束。

或許你會覺得同居的目的是為了「結婚」，但根據研究統計發現，同居過後還能走向婚姻的比率，其實反而比較低。因為日夜相見，不但摩擦會增多，柴米油鹽的問題也容易讓感情變成一潭死水。如果你不是那種甘於平淡，覺得戀情穩定就好的個性，還期待愛情當中能有點浪漫的氣氛，最好不要輕易嘗試婚前同居。

4. 培養新的興趣

談戀愛和「新的興趣」有關係嗎？當然有。不要以為男性只愛花瓶型的女人，沒錯，花瓶型的女人帶出去是很好看，可以滿足男性的虛榮心，但是有腦的男人都知道花瓶不好伺候，她只是賞心悅目，實際上卻難以相處。

如果你可以培養一些新的興趣，比如：閱讀、攝影、運動、樂器、畫畫之類，就能讓自己的生活更為豐富。如果這種新興趣又可以和你的雞肋情人一起從事那更好不過，但如果你的雞肋情人對新的興趣沒有反應，也不要勉強他，畢竟你只是需要一些新事物來增添生活的色彩。當你自身有所改變，搞不好就會讓你身邊的雞肋情人眼睛一亮，你會發現他對於約會的各種活動和花樣也開始懂得用心思了呢！

雞肋情人不失為一個好對象，因為他不喜歡變動，所以也不會喜歡接觸新的環境、輕易更換女朋友，他只是需要一點點的熱情來帶動，需要你以更坦白的方式溝通。改變自己，並帶動他是最快的方法，你光是期待對方轉變是不切實際的喔！

如何製造合宜的浪漫

隨著交往時間越久，情侶們就越不會製造浪漫，如果真的不知道如何營造浪漫氛圍，你可以參考以下方法：

留意情人的需要

搞浪漫是好事，但是如果浪漫可以切合情人實際的需求會更好，像是在情人生病時替他煮粥、在寒冬中替情人遞上一杯熱飲，切合實際需求的浪漫，有時候比盛大的排場更能打動人心。

配合情人的性格

每個人的個性不一，有些人不喜歡「驚喜」。如果你的情人剛好就是一板一眼的人，你半夜三更打斷他睡眠，出現在他家門口送宵夜，保證他絕對不會有你期望的感動反應。所以要製造浪漫之前，你要考慮情人的性格，勿讓情人覺得受到驚嚇。

套問情人喜歡的示愛方式

你可以找機會故意說朋友的情人對他做了什麼樣的舉動，看你的情人反應如何，你自然就會知道對方對哪種示愛方式接受度高。

受到異性擁戴的萬人迷

他天生就是聚光燈的焦點，這種人通常不是外表出色，就是才華驚人，而且也是最容易招惹桃色誹聞的人。沒辦法，因為就算他不說、不笑、不動，就還是有人不斷地對他發出愛慕的訊號，有這種情人真讓人有點頭疼啊。

嘉怡的男朋友俊賢就是這種性格大方的萬人迷，天生一副討喜的樣貌，不管到哪裡都會引起女性的目光，加上俊賢特別喜歡交朋友，對這些女性朋友也滿體貼的，很願意提供貼心服務。嘉怡提醒俊賢要注意分寸，俊賢則理直氣壯地說道：「出了社會本來就要多累積人脈，朋友越多，有事的時候可以幫忙的人就越多，再說，我的朋友也不只女的吧！」的確，那些朋友在俊賢的工作上是幫了不少忙，但是因為嘉怡的工作比較單純，交際圈也比較小，所以有時她不免對俊賢不避嫌的態度有點在意。

再加上那些女人看起來都比自己優秀，比自己美麗的也所在多有，讓嘉怡這段感情談得實在是膽顫心驚，相當有壓力。

步入萬人迷情人的內心世界

情人很受歡迎？對很多女性來說這是既喜又憂的一件事，喜的是自己的魅力獲得肯定，如此優秀的人竟然願意和自己在一起，憂的是這一段感情不知道還可以走多久，自己又有什麼能力可以留住他。萬人迷男友就像是一朵玫瑰花，又香又紅人人愛，但是要把他攀折下來帶回家，讓他專門為自己綻放，那還要看看外面那些同樣覬覦這朵玫瑰的人願不願意，這一個缺點就像是玫瑰花莖的刺，身為女朋友的你勢必要克服的心魔。

如果你有個萬人迷情人，你必須先有良好的心理建設，把你的情人當成「一般人」看待。如果你有顧忌，認為那種萬人迷的選擇很多，必定花心，必定喜歡交際應酬、必定享受女孩子圍繞在他身邊，我會建議你直接放棄他吧。因為你的這個心態是不正確的。

萬人迷的內心世界其實和一般人並沒有差異，一樣有他獨特的個性，他可能活潑，但是也有可能比較內斂，可能喜歡那種眾人圍繞的感覺，但也可能是因為出社會工作的關係，所以一定要交際。你不能因為他外在條件討喜，就給他安上種種罪名，如果你不能拋棄內心的偏見和他迷人的表象，真心接納他真實的一面，這段感情是一定不會往好的方向走。

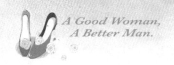

萬人迷種類大公開

其實有滿多的萬人迷都潔身自好，不會輕易地利用自己的魅力，也不喜歡受人注目，只想過低調、簡單的日子。那麼和萬人相處有沒有特別的訣竅呢？你需要故意招蜂引蝶，表示自己也很受歡迎，這樣他才會愛你嗎？其實不一定要這樣做，想了解怎麼和萬人迷相處，首先你要了解萬人迷的類型。萬人迷可以粗略地分為三個種類，根據三種類型有不同的應對與相處之道。

1. 萬人迷？你說我啊？

有些人很可愛，對自我的評價不是很高，感覺也比較遲鈍，無法發現別人對自己的評價為何，有可能是他的生活圈本身比較小，缺乏和人互動的經驗，也可能是他身邊的女性都因為他優秀的外在，誤以為他是玩弄感情的高手，所以退避三舍，使他沒有因此產生「其實我條件不錯」的優越感，這種人就像是未雕琢的璞玉，你可得好好把握。

2. 沒錯，萬人迷就是我

這類型的萬人迷就比較讓人頭痛啦。因為他對自己的優勢已經很清楚。可能是他從小就已經接受過無數女性的示好，長大後剛好書又讀得不錯，有一份好工作，個性又大方，所以能正確且客觀地評斷自己在別人眼中的價值。

「十分有自信，甚至有點驕傲」是他這個人最大的特色，而習慣了別人的付出，習慣當「接受」的一方，可能就是他的缺點。

3. 我這萬人迷，怎可以專屬一人

這類型的萬人迷除迷人外表之外，還附贈花心。他會仗著自己的條件好，就當起現代皇帝，認為三宮六院都無所謂，道德感比較低落。這種花心的萬人迷，說實在的並沒有交往的價值。

和萬人迷相處的訣竅

要和第一種類型的萬人迷交往比較簡單，相處之道其實和一般人真的沒有什麼不同，你只要依照他原有的個性去做對應就好了。不要投以崇拜的目光，不要有粉絲看到偶像的欣喜若狂，重點是，不要讓他突然有「其實我還挺受歡迎」的認知。如果你對他身邊來來去去的鶯鶯燕燕過度在意，且常有吃醋表現，就是在告訴他「你很不錯，還有別人對你有意思喔」，搞不好遲鈍的他根本沒有發現有人對他頻

拋媚眼，你何苦自己提醒他呢？

而第二種萬人迷，除了把他當成一般人去相處之外，你還要把握以下原則：

1.自己拉出一條界線

和第二種類型的萬人迷交往，最好在一開始他對你熱度未退的時候，就一口氣把你的底線說清楚，不要裝大方、假賢慧，以一種小女人「只要和你在一起，怎麼樣都無所謂」的姿態和他交往，最好是在熱戀時期就把交往的模式固定下來，說清楚「不能和異性單獨出遊」、「和客戶見面應酬要報備」。如果可以的話，不要任他予取予求，養成他為你付出的習慣。若一開始你就是佔強勢地位的那一位，適度展現出自信魅力，相信就算他是萬人迷，也會只為你一人傾倒。

2.比他還像萬人迷

萬人迷情人有許多乾姊、乾妹、女性友人、女性哥們，都無所謂，你也可以有很多乾哥、乾弟、男性友人、男閨蜜。但這樣做的意思並非要你報復，不是要你變成靠搞曖昧在情場行走的騙子，而是要你也拓寬自己的交友圈，廣交朋友，有自己的生活，讓他稍微有點擔心你，覺得你還是很有吸引力。

3. 不靠外表取勝

他因為個性大方，見多識廣，外貌姣好的女孩子應該也見過不少，這時候你就不宜再以外貌取勝，最好在內涵與修養方面多加精進。通常條件好的人因為受寵，脾氣難免會有點驕傲，但不是每個女人都可以接受他這種態度。所以如果你比別人對他多一份包容和信任，和他溝通好你可以接受的底線之後，就不再多疑，並展現自己良好的修養，他就會覺得你比他交往過的女孩多了一份寬容與理智，他若是個有同理心的萬人迷，就會知道除了你，能這樣包容他的人真不多，自然離不開你的身邊。

至於最後一種類型的萬人迷，則要看他是不是真的有心要好好談一段感情，從此穩定下來，如果他真的已經有要穩定生活的意思，那就把他當成單純個性上比較大方的萬人迷去處理就可以了。

「異性緣好」和「花心」的區別

一個異性緣很好的人本身若有道德觀，是個對感情相當負責的人，他就不會有三心二意的行為，因為他見多了異性，反而會很挑，更清楚自己想要什麼樣的情人，條件不夠的對象主動送上門來，他還怕麻煩、避之唯恐不及。所以，對於萬人迷情人，你要客觀地評斷他，分清楚他到底是人緣好，或僅是個不該浪費時間交往下去的花心男。

既然花心的男人臉上不會寫著「花心」二字，那身為女性的你要如何分辨你的萬人迷情人是否具有花心的特質，不值得你花時間深交？

1. 觀察他的追求招式

通常花心的人，是很懂得追求女性，如果他在最初認識你時就花招百出，讓你既驚喜又開心，可別高興得太早，因為他會對你如此火熱浪漫，就代表他對其他女性也是很有辦法的。

然而如果你的萬人迷情人是經過你主動暗示、明示，才對你展開追求，很顯然他是比較潔身自愛的那一型，這種類型的萬人迷情人就會安全些。

2. 觀察他怎樣拿捏和異性的距離

無論是男性還是女性，如果說要求對方交朋友只能侷限在某個性別，那未免也太過保守，但是既然你已經有了固定的對象，和異性之間就要稍微保持一點距離，以免讓交往的對象誤會。

你發現你的萬人迷情人明明已經開始和你約會了，但身邊還是有很多女性友人，而且他也會和其中的幾個女性友人單獨吃飯，或是不介紹你們認識，那這個男人就很不會拿捏和異性之間的距離，很容易發生不該發生的情愫。

你的情人雖然有很多朋友，但是他從不和女性友人單獨約會，就算別人邀約他，他也會帶你去，他就是屬於懂得拉開朋友與情人距離的人。

3.觀察他和你的約會時間與形式是否正常

一般正常的情侶約會大部分都在下班後約吃晚餐，或是假日約去踏青，如果你的萬人迷情人都約一些很奇怪的時間點，比如說晚上十一點約你去吃宵夜，而且他也從不曾在「正常」的時間約你出去，也從來沒有把整個完整的假日留給你過，那麼你可能只是他拿來填時間空檔的備胎情人，他的正牌女友肯定另有其人，你必須早日認清事實，他不但是個萬人迷，還是個花心的沒品情人。

愛上萬人迷是一條辛苦的漫漫長路，但是如果你一開始的交往模式確立得好，以後的幸福還是可以期待。和萬人迷交往，最重要的是相信對方的同時，也要記得相信自己，喜歡他的女人這麼多，他會愛上你，你一定有自己的獨到之處。

你要先相信自己可以得到他的愛，你才會真的得到，若是過度懷疑而把他逼得太緊，讓他失去本有的交友空間和自由，只是讓這段戀情加速死亡而已。

人生勝組

幸福教戰

改正萬人迷情人的壞習慣

有些萬人迷就是不知避嫌，行為舉止有點輕浮，容易引起對他有意思的女性誤會，你該如何和他溝通呢？

當成「觀念上的差異」來談

每個人都有自己待人接物的模式，沒有絕對的是與非，只是個性不同，表現的方式也不同。你可告知他這種對待女性的模式你不習慣，給他一個具體調整的方向（如：以後要和學妹相約，請帶我一起）。

以女性的角度解析其行為

你可以和他聊他的行為會帶給女性怎麼樣的感覺。可能他不是故意要讓女性產生誤會，而是他的本性就是如此，開起玩笑葷腥不忌，對女性好到容易讓對方誤以為是在追求，你必須要用「同是女人」的角度點醒他。

讓他明白事情的嚴重性

如果你的情人言行較不謹慎，就讓他明白粗心的下場有多嚴重。讓女性會錯意的下場可能有：從此被不喜歡的人糾纏、影響到你對這段感情的信心等等。總之，就是要提醒他這樣做對自己沒有好處。

Part 7

挽救
隱性爛情人

有些因子會引發情人的劣根性，

讓平常很穩定的感情出現大大小小的危機。

但危機其實不可怕，

該如何解決危機讓感情更進一步才是重點，

以下就提出幾個常見的感情問題，並提供解決方法，

讓您的戀情永保安康。

當父母始終無法認同這段感情

「愛情順利」是每個人都嚮往的，一份溫暖可靠的感情是人們在面對人生風雨時的堅實後盾，之前我說了很多男女之間溝通與相處的實戰技巧，是為幫助你「得到幸福」。然而感情的路上總有些難以處理但很常見的問題，「父母無法認同這段感情」就是比較棘手的感情問題之一。

只要是已經結婚的男女都明白，婚姻當中的「老三」，也就是介於夫妻之間的岳父、岳母、公公、婆婆這些長輩，他們是決定一段婚姻品質的關鍵之一，但也是最難搞定的族群。如果丈夫或妻子在外面有第三者，我們還有立場去討伐這個破壞婚姻的傢伙，但是面對「老三」，我們就必定要謹守「晚輩」的分寸相處，有的時候不免會吃些虧。

所以想要擁有良好的婚姻品質，在婚前如何擄獲對方父母心，就是一門很重要的功課。

留心蛛絲馬跡，就能及時化解長輩的不滿

想讓對方的父母喜歡你有很多方法，包括節日記得送小禮物、見面的時候嘴巴要甜、主動關懷對方的父母等等，但是要察覺對方父母的不滿，對社會閱歷尚淺或是被愛情沖昏頭的女孩來說，有時候並不很簡單，那麼，當你發現對方的長輩出現哪些行為，就表示他其實對你是不太滿意的呢？

1. 一開始就不討喜，長輩態度冷漠怪異

一般來說，長輩已經過一段時間的人生歷練，很少會有失禮的狀況出現。但如果你發現到對方家做客時，長輩招呼的態度不是很熱情，你和他打招呼他也虛應了事，主動和他聊天，他也是有一句沒一句的，請不要覺得這位長輩「只是不擅言詞」。基本上他們的閱歷更豐富，是不會連招呼客人的道理都不懂。

當你發現這種狀況，請勿視而不見，務必要好好地和交往對象談談，弄清楚到底長輩的態度為何會如此，如果是自己之前的行為失禮或冒犯，就要誠懇的道歉。

2. 輕視自己的家世或工作

每個長輩都會希望兒女未來的對象有相應的條件，因此醫生、律師、富二代這

些身分是眾人比較偏愛的。所以要注意的一點是，如果你自己的工作、家境和對方有一定的差距，對方或許會有「你高攀我兒子」的心態。當你發現長輩和你對話時，雖然很溫文客氣，但是言談中對你的工作與家庭有「否定」的意味，例如示意你換工作，或是有意無意的標榜自身的家境身分等情況，他很有可能就是看不起你的工作或家庭。若沒有察覺長輩實際的想法，到真正要論及婚嫁的時候，可能會出大問題。

掌握訣竅，以時間換取長輩認同

要想讓長輩贊同本來不贊同的感情，這段歷程並不輕鬆，你要有長期抗戰的心理準備，以及足夠的細心與耐心。非到無路可走，最好還是等到長輩同意之後再談及婚嫁比較美滿。要化解和長輩的矛盾，有幾個訣竅。

1.勿產生對立的心態

無論是自己的父母或是對方的父母不同意這段感情，你都要先仔細思考長輩為何有此想法。畢竟他們的人生經歷比你豐富，或許真的有一些盲點是你們在交往時沒有發現，但是長輩卻看見了。等你仔細思考過長輩的意見後，確定無論如何都不想放棄心儀的對象，你首先要做的就是「調整自己的心態」，不要把長輩想成敵人。一旦產生對立心態，你就很容易情緒化，對長輩說出傷人的言語或做出一些傷害雙方感情的舉動，使事情越變越糟糕，最後搞不清楚究竟是為了「賭一口氣」，或是真的遇到不可錯過的真愛。

2.針對可以改變的條件改變

父母反對子女與對方交往的原因可能是很具體且可以調整的。例如你目前的經濟狀況不穩定、學歷不高。這種問題就很簡單了，經濟不穩定的努力賺錢、學歷低的進修念書、工作差強人意的就換工作，讓他們看到你為這段感情的付出，說不定有一天他們會被你的誠心感動，就算你沒有達到條件，也可以擄獲長輩的心。若是你的父母嫌棄對方的條件，你最好是把父母的意見以自己的名義說出，並強調自己會為對方加油。之所以不要以父母的名義說出這些要求，是為了避免雙方產生不愉快的心結，之後相處尷尬。兩人一起奮鬥，在長輩的面前展現你們的堅貞情誼，狀況就會改善。

3.在得到認可前，謹守分寸

有些人因為父母不贊成這段感情，但是自己很想抓住交往對象，所以就忽視父母的感受，隨心所欲地想約會到幾點就到幾點，甚至大大方方地在父母面前展示兩人的恩愛，作為一種宣示，背著父母展開同居生活。其實對比較保守的長輩來說，這是一種挑釁的舉動。因為他們都已經表明不同意這段感情，而你卻沒有在獲得他們的同意之前和他們所不喜歡的對象保持一定的距離，反而用行動表示你對他們的話一點都不在意，這當然會讓長輩心中更不愉快，就算勉強同意交往，之後的感情甚至是婚姻之路也會是困難重重。

所以，不論是自己或是對方的父母不認同這段感情，在未獲得長輩同意之前，還是掌握好分寸，兩人的相處也盡量低調為宜，要知道，一時賭氣曬恩愛很簡單，但是扭轉長輩心中的負面印象真的很難。想要融化長輩的心，就給他們一個尊重長輩的好印象，你們的意願才有可能會獲得同樣的尊重。

4.對自身父母更貼心、孝順

這點是針對你的父母不同意你的交往對象而說的。大家都知道貼心孝順的孩子在父母眼中總是比較討喜，在家中說話也比較有份量，所以現在的你應該爭取你的說話地位和份量。如果經濟能力許可，除了常常陪父母談天說地外，可以送長輩出國旅遊，或是增加孝親費。如果你經濟能力沒有這麼好，送父母小禮物，陪父母逛街看病，這些也應該做得到。可以的話，進一步將兄弟姊妹結為盟友，關鍵時刻才有人可以幫你一把。用你的溫柔一點一滴融化父母冷硬的心，甚至將自已變成整個家族的支柱，當你成為家族的支柱時，相信不管你做什麼決定，父母都會信賴你。

5.消極的拒絕各種新的可能

有些父母因為不滿意兒女的交往對象，就會另外安排一堆人選，逼迫兒女改變心意。此時不必激烈反抗，惹得父母不快，推得掉的話就推，推不掉的話就出去看一看這些對象，然後說聲「不喜歡」交差，這樣日子一久，你的年紀漸長，父母也會意識到你「非卿不娶」或是「非君不嫁」的決心，有可能會軟化態度。畢竟在很多父母的眼中，子女娶嫁一個他們不喜歡的對象，好過根本沒對象，獨身一輩子。

雖然感情遭受長輩阻礙是很棘手的事情，但是等跨過這一個關卡，獲得父母的認同、受到人人祝福後，相信你和情人的情誼也會因為爭取認同的革命情感而變得無堅不摧，再也沒有人可以拆散你們。

人生勝組

幸福教戰

你不應放手的理由

父母的人生閱歷比你多，所以有時候他們的意見是值得參考的，但若是父母反對你們在一起是出於以下原因，建議你別放棄自己一生的幸福。

坐這山，望那山

有的父母會覺得自己的女兒還年輕，目前交往的對象雖然不錯，但不夠好，所以想讓女兒多看看。若父母是因此而反對，建議你多帶男友見父母，培養彼此感情，日子久了，沒有期待中乘龍快婿出現，父母會軟化的。

客觀條件太差

若父母因為這種狀況而反對，建議你先暫時不要帶情人見父母，因為要處理的不是父母的情緒問題，而是客觀條件的問題，條件有所提升或對提升條件有一定想法之後，再帶他見家長會比較好。

流言影響

有的時候一段感情在進行時會有很多流言蜚語，親戚或是姊妹淘對情人會有負面的批評，建議你不要輕易聽信，若父母受到流言影響，要積極地替情人將誤會解釋清楚，不可認為「清者自清」，該說的還是要說。

當感情中疑似出現小三、小王

感情中疑似出現「第三者」是所有戀愛人士的惡夢，幾乎沒有一個人可以冷靜面對情人身邊出現若有意似無情的異性。但你必須知道的是，如果你的對象確實擁有令人欣賞的條件，就很難提防有競爭者出現。不過對於這些飛來飛去的蒼蠅無須太過緊張，因為關鍵還是在情人的態度，只要你們的感情夠堅定，不管是怎樣的對手，他們用盡所有手段、機關算盡，還是不能對你們的戀情造成一絲一毫的影響，怕得就是你自亂陣腳，不論有事沒事都開始對情人起疑心，導致兩人為了一些雞毛蒜皮的事吵架，只會讓兩人的感情更不堪一擊，讓別人更有機可乘而已。

如何應對感情中不受歡迎的「第三者」

那麼當你的情人身邊疑似有追求者出現時，你應該怎麼做，才能妥善保護你的戀情呢？

1.跟那個人有關的事，一概採取冷處理

如果你一聽到你的情人提起某位異性的名字，你就反應過激、拼命批評，這就大錯特錯了。因為你這樣做只會加強那位異性在情人心中的分量。或許他只是隨口提及，並沒有什麼特殊的印象，或是也尚未感受到對方的好感。但因為你的不斷攻擊，讓你的情人認真思考，那位異性是不是真的對他有意思，而且是否條件真的很不錯，所以才讓你感到威脅？

所以最好的方法就是當你的情人提起某位異性時，你就回答：「他啊！不錯啊，對每個人都一樣大方、一樣好。」然後把話題轉開。這樣情人就不會因為你的激烈反應而聯想到那位異性好像對自己有點意思，反而還會認為「啊，原來他對每個人都這樣，是我想太多」，就這樣把那位異性排除在「仰慕者」的名單之外。這樣一來，你的感情危機就可以在無形之中化解了。

2.反省檢討自己

其實第三者和你之間的戰爭，永遠是你佔優勢，因為你有大把的時間和機會展現自己的溫柔大方、體貼智慧。一段本來就沒有問題的感情，第三者要介入實在是難上加難。如果真的有人可以輕易介入，那你就要開始反省自己，不是責怪情人。

去找第三者更是無聊至極的舉動，畢竟關鍵的選擇或態度並不在於他，談戀愛也不是在比武招親，誰打贏了，情人就是誰的。真有這麼簡單的話，大家都去練武功就好了。

所以，當你發現你的情人最近跟你約會的時候好像心不在焉，平時也經常連絡不到人、行蹤怪異，不要緊張，先不要做過多的聯想。觀察一下情人，他最近是不是有發出對這段感情不滿的訊息，但是你卻沒有接收到？誠懇地反省自己是不是有什麼疏忽？趕快在還可以補救的時候補救，把有問題的部分盡可能地解決掉，就可以免掉一場風波。

3. 佯裝不知，對情人加倍關心

心中隱約覺得有第三者出現，大吵大鬧絕對是錯誤的方法，冷靜下來看清楚目前的現況比較實際。因為這個社會對「負心」和「琵琶別抱」這件事情還是很排斥的，所以真的有勇氣結束一段感情的人比想像中的少很多。就算是要結束，對方多多少少都會有一點愧疚感，而這一點點的「愧疚感」就是你扳倒情敵，保護這段感情的強大利器。

請你對情人比平常更體貼關心，縱使你心裡對他有懷疑，但是表面上要一如往常，結果就是，你對他越好，他越是愧疚，要離開你就越難。除非第三者的現實條件比你好上百倍，要不然會失去這段感情的機率實在太低了。

況且，當你因為情緒控管不佳，而做出歇斯底里或是盛氣凌人的舉動，剛好就給情人一個絕佳的理由離開你。所以你真的想留住他嗎？那你要小心再小心，包容再包容，不要做錯一件事，連一點點變心的理由都不要給他。

千萬不要仗恃舊情，以為自己還能對他頤指氣使，還能得到寬容，畢竟對想離開的那一方來說，這些感情回憶已經是包袱，丟之唯恐不及，請認清楚，你現在是被「留校察看」的學生，稍有不慎，就得請你離開這所學校囉！

不過，要做到這些真的很難，畢竟只要是人，都會害怕失去。看著本來屬於自己的情人一天一天遠離，自己卻又無能為力，真的是一種酷刑。如果你不能忍受下去，也已經做好放棄這段感情的心理準備，那可以直接把話挑明，請情人做個抉擇；但若你仍有留戀，就要盡自己最大的能力，不要今天想挽回，明天又覺得放手算了，如此反反覆覆地浪費自己的青春。確立自己對這段感情的心意，然後用聰明的方法盡人事，剩下的，聽天命吧！

為什麼我們之間會有第三者

一段感情有問題絕對不是單一方的錯，一定是自己或是對方有某些部分出問題，與其一味地責怪自己不夠美、不夠好，責怪第三者實在是寡廉鮮恥，居然糾纏有對象的人，或是偏激地認為全天下的男人都花心、沒一個是好東西，不如找出癥結，對症下藥，看看是否有機會挽回。通常一段感情會有第三者的原因如下：

1.戀愛之初動機不純正

每個人決定和某人交往都需要一個動機，如果這個動機本身就不是很純正的話，日後就容易出問題。什麼是不純正的動機呢？

比如說你剛結束一段戀情，想彌補空虛而亂愛；你基於同情而和對方在一起；你沒有精挑細選，只是亂槍打鳥求有人陪。

那怎麼知道情人和自己交往的動機是不是很純正呢？你可以留意一下交往的過程裡，是否總是自己主動找對方？是不是過熱戀期後他就有一點意興闌珊？是否總是你在讓步？他有多久沒對你獻殷勤了？

如果你能冷靜下來判斷情人對這段感情的熱度，不要過度樂觀地騙自己，相信你將清楚地知道他對這段感情的誠意有多少。

如果他的誠意不足，只是在騎驢找馬，當稍微優秀一點的第三者出現，正宮娘娘就會換人做做看了。

因為這種情形而出現第三者，建議你就讓第三者把這個將感情當作遊戲的人撿走吧！此人的感情態度根本就有問題。你還是很捨不得？那就只有盡量委屈自己，努力付出，對小三視而不見，努力表現自己的賢良淑德一途。

2.感情失去熱度

兩人交往久了，戀愛的熱度難免會消退，因為這種原因而出現第三者，處理法比較簡單，因為你們的「愛」沒有變，長久以來積累的習慣、建立起來的甜蜜情意都沒有變，你需要的只是喚醒過去甜蜜的記憶而已。所以，回到當初一開始戀愛的你吧！把那份溫柔與美麗找回來，讓情人重新再愛上你一次。

3.有心人挑撥離間

現在很多人都有「結婚前人人有機會」的觀念，甚至還流行一句話：「不被愛的，才是第三者。」

所以當有人看上你的情人時，難免就會以一些心機手段，讓你們彼此之間產生誤會嫌隙，進而爭吵分手。

要避免這種狀況很簡單，就是不要衝動行事，聽到流言蜚語的第一個反應是相信情人，然後再不經意地提到自己聽到了什麼。

一定要注意，是輕描淡寫地問，用類似這種「他們說你和其他女人一起去逛街，真好笑，怎麼會有這種流言出來」表示信任的語氣會比較好。記得，一切要眼見為憑（有時親眼所見都未必是真了），勿輕信八卦流言，以免情人真的沒有背叛你，卻被你咄咄逼人的質問口吻惹怒。

若是情人聽到關於你的流言，不管他是用質問或信任的態度面對你，請你都要心平氣和，不然就中了小三的圈套，小三就是希望你們吵架，何苦順了他的心呢？

4. 身處的環境改變

有的時候因為環境改變或距離拉遠，以致他認識的人變多、生活更多采多姿，情人可能就會近水樓台愛上他常常可以見到的人。因為如此而出現第三者就是滿無奈的事情，身處環境改變是長久的，一時之間也變不回來，只能依靠你們以往的舊情，看看能否讓他回頭。更積極的作為就是提升自己的條件，做更好的自己。

5. 雙方成長的腳步不同

兩人如果已經交往很久，難免會有一個人的成長腳步比較快，這時候再回頭看看停留在原地的另一半，多少會覺得洩氣失望，處在這種情緒之中，就算小三不找上門，他自己也會弄來一個小三。所以建議你常常關心情人的興趣、嗜好或工作，最好兩人培養共同的興趣。

若真的無法覺得男友的興趣嗜好有趣，建議你也要常常讓自己的生活豐富，一段時期比一段時期更成熟。要不然等情人成長到你無法追上的地步時，你就只能依賴他的責任感和過往舊情挽救感情，到那地步實在可悲。

有第三者其實並不完全是很倒楣的事情，有的時候第三者出現反而可以讓你對自己的感情做一番檢討，只要運用智慧去處理，搞不好事情解決之後彼此的感情會更上層樓喔。

人生勝組

幸福教戰

第三者為你上的課

與第三者的這一仗並不是每個人都能勝利，如果不幸被拋棄了，也不要太難過，這次的失敗對你來說有以下意義。

拋掉MR.Wrong

放心，第三者能夠搶走的絕對不會是你此生唯一的真愛，因為在「對的人」面前你是如此的獨一無二，沒有人可以替代，第三者能夠搶得走的只是你人生中的過客，祝他們幸福快樂，百年好合吧！

找到激勵自己的力量

最好的報復就是過得比小三好，如果你提升自己，你就會覺得和第三者爭一個不值得爭奪的爛人，簡直可笑至極，過不久你就能把這次慘烈的失戀當笑話說了。當然，你要先從自怨自艾的泥沼中爬起。

更珍惜日後的感情

就是因為被小三介入過，所以你會了解感情世界的變化無常，日後遇到下一個對象時，你就會更珍惜對方的付出，因為曾經失去讓你更清楚，任何人對你的善意與忠誠都不是理所當然的。

再愛一次，可以嗎？

很多人都有分手之後再度復合的經驗，一段感情的結束，很少說斷就斷，揮手後就從此不再聯絡，總會有比較放不下的那一位在蠢蠢欲動。

一段感情走到分手，一定不是突然如此，假使你真的很捨不得交往的對象，其實應該做的不是死命一哭二鬧三上吊地把人留住，應做的是在對方提分手當下就要控管好自己的情緒，有風度的告別。只有留下這美麗的背影，日後捲土重來才有機會。

優雅的退場才有復合的可能

如果你一聽到分手就開始失控，有種種脫序反應，不管是辱罵對方、傷害對方、在對方面前自殘、自以為深情地在他附近守候、四處說對方如何不知感恩，認為全天下就是自己最可憐，只顯示你是討不到糖吃的小孩，嚇得對方認為和你分手是他此生最正確的決定。你要再愛一次，恐怕是遙遙無期。請你收拾心情，好好檢討原因，沉澱一下再出場，才是明智的抉擇。

如果你無法暫時冷靜下來，那你也別欺騙自己有多愛他了，真正愛一個人，是會尊重對方所有的決定，包括分手。要不要與你在一起是對方的選擇，你只能改變自己、重新出現，期待有新的契機，而不是強迫對方接受現在的自己。

暫時的分開，其實對你釐清這段感情的問題也很有助益，只有遠離對方，讓自己從昏頭昏腦的戀愛世界離開，你才有辦法以旁觀者的角度，回顧這段感情的歷程。如果你夠客觀的話，應該會發現一些以前都沒有察覺的問題，經過這段冷靜思考期，再復合才有意義，才有辦法讓愛情更長久而堅固，若沒有抓出感情問題所在，到最後可能還是會分開。

釐清分手原因，才能對症下藥

一般來說，分手大概不脫以下幾個原因，尋求復合的做法也會因為分手的原因而有所不同。

1. 爭吵不斷

有些情侶常常大吵小吵不斷。為什麼會這樣呢？有的時候是因為兩個人的個性都好強，也比較急，所以就算沒有什麼大不了的事情，也可會因為一時衝動而吵翻天。其實人都會有情緒不穩或是衝動的時候，偶爾來幾次這種爭吵無所謂，只要有一方或是雙方身段都夠軟，懂得給對方台階下就沒大問題。

但如果這種沒有建設性的爭吵常常發生就不好了。因為人在氣頭上講的話都很難聽，就算心裡知道對方是說氣話，因為對方沒有適時地安撫或是解釋，所以還是會造成大大小小的傷害。每個人的心都有承受傷害的限度，當愛情被這些大大小小的傷痕不斷地稀釋再稀釋，直到沒有了，就是分手的時候。

因這種狀況而分手，想復合的話，你就千萬要先修身養性，將自己的脾氣修練到不做口舌之爭的地步。如果對方隨隨便便酸你兩句，你就又開始暴跳如雷，不如就不要復合，另找一位脾氣溫和的對象。

當對方不斷地用言語傷害你，而你卻展現出不同以往的氣度之時，相信他也不好意思再說下去了。畢竟吵架是要兩個人才吵得起來，如果你不願意隨之起舞，我想對方也會覺得無趣，屆時就不會老是出現動不動就吵起來，感情總是無法長久的狀況。

你可以溫和地說：「你這樣講話讓我很受傷。」就是絕對不要用更狠的話回敬他，這樣才可以慢慢走向復合的穩定之路。

除此之外，你必須為你的氣話道歉。這樣你在對方心上劃出的傷口才能撫平。

其實常常爭吵就代表彼此的個性一定有某部分不合，既然是個性不合，想要復合的一方就要有改頭換面的心理準備。不要說：「為什麼是我要改變？」如果你還是有這種想要做自己，不想屈就的心態，那還是放棄這段感情，找一個個性上能和你相處、可以包容你本性的對象比較好。

所謂的「改變」，不是今天對他好，明天又恢復原狀，如果你這樣反反覆覆，對方會失去耐心，覺得你根本已經「定型」，會冷冷的看你耍猴戲，然後把你永遠踢出戀愛名單外。不要這樣被人家看不起，擬定目標、抓準方向，既然已經決定爭取，就盡全力改變吧！

在你離開情人後改變自己的期間裡，要確實反省對方所厭惡的行為，比如過度強勢、約會遲到、愛查勤等等，如果你是屬於比較粗心的人，不是很清楚你的哪些行為使對方反感，那至少要把引起你們吵架的主要因素抓出來，你總不可能連為什麼吵架都不清楚吧？沉澱之後再出發，以朋友的身分和對方聯絡，展現全新的自己，相信這段感情還是很有機會的。

當然，你也可以選擇和情人開誠佈公地談談你對這段感情的不捨，以及希望他可以配合的地方，畢竟一段毀壞的感情不可能全是一人的錯。但建議你和情人談論時不要過激，採取冷靜理智的態度，這樣他才會知道你不是意氣用事，不是在發嗲撒嬌，而是很認真地在談論已經困擾你很久的問題。先把自己的情緒調整好，釐清這段感情的問題，再去談吧！才不會越談越生氣，越談越糊塗。

2.已經沒有感覺了

「沒有感覺」的確是一個讓人摸不著頭緒的分手理由，因為「感覺」摸不到也看不到，但其實還是有方法可以製造一些「感覺」出來的。

許多老夫老妻在交往很久後，都不過節、不送禮，每次約會都在家裡，雙方都不再用心營造生活當中的小驚喜與小樂趣，這時候就很容易有一方對感情失去熱度，覺得外面的花花世界更有趣。

因為這個原因而分手的人，可以充實自己的內涵，多看一些書、學習從前不曾學過的東西，讓自己過得更多采多姿。也可以去和一些感情長跑多年，但順利修成正果的朋友聊聊，參考一下他們是怎麼持續在愛情中製造情趣。

如果是男生想挽回感情的話，在自己的心態與外在皆煥然一新後，可以試著再用心、認真地追求一次前女友；如果是女生想挽回感情的話，就要製造能讓前男友對自己再度感到驚豔的機會。總之，一個不斷充實自己內在與外在的人，就算無法成功挽回舊情人，也會因自己努力的提升而遇到更好的戀愛對象，不是嗎？

或許你會說，離開情人去做這些改變，難道不怕在放手期間內，情人另尋對象嗎？沒錯，情人是有可能另尋對象，但是用情人嫌棄的舊形象巴著人家不放，結果就會比較好嗎？以嶄新的自己讓彼此之間的感覺再度燃燒，這才是治本的方法。

3.第三者出現

第三者的出現的確讓人震驚又傷心，如果情人和第三者的感情已經好到他寧願和你敞開講明分手的意願，代表你已經有點後知後覺了，因為除非你的交往對象本身就是喜歡嚐鮮的情場浪子，或是除了第三者之外你們之間本來就有嚴重的問題無法解決，要不然大部分的人都會選擇保住原來的感情。畢竟要重新認識、了解、熟悉一個人是很大的工程，一般人是不會換對象和換衣服一樣勤快的。

當你傷透了心，因為第三者而離開情人時，要記得展現大度，留下美麗的背影，用「謝謝你曾經給我一段快樂的時光，雖然捨不得，但是我尊重你的決定」的態度擦乾眼淚，堅決離開。

請注意，不要以「我永遠愛你、等你」這種態度面對情人，因為對方不會給你該有的尊重，如此一來，你對他而言就變成「愛什麼時候來找你就來，要走就走」

的備胎情人，我相信這應該不是你要的結果。

你離開情人後，如果他有回頭找你，不必馬上熱切回應。若是對方不清楚你心裡曾因此受重傷，這種被背叛的傷就承受得太不值得了。在離開情人的期間內，你要冷靜的反省自己題，並好好的充實自己，若有認識新對象的機會也不要放棄，反正以你目前的狀況，守貞節牌坊也沒有獎金可以拿，不如放開來盡情地享受一個人的自由，自虐絕對是最不划算的事情，因為對方並不知道，知道了也未必放心上。

和其他狀況不同的是，如果要挽回因為第三者介入而破裂的感情，最好是「對方主動聯絡」，對方有後悔的意思，這樣感情走下去才有意義，如果對方在你離開之後並沒有主動和你聯絡，你確認對方恢復單身後，以「要去拿東西」（可故意在離開情人前留一些有紀念價值的照片、定情物、貼身物品，以勾起情人回憶，順便替復合鋪路）為藉口出現時，他也沒有任何關心的反應，最好就放棄這段情吧，因為他對你根本毫不理睬，連再度開始的機會都沒有。

若對方主動出現，你要弄清楚他到底是來復合，或只是純粹關心你？確定他真的認為你是難得的好對象，這時候你們再走下去才有意義。

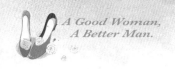

4. 不可抗拒的外力因素

所謂的因外力而分手，就是你和情人本身的相處是沒有問題的，但是因為對彼此人生規劃的不同、家人反對、遠距離……等因素，之前你們不得不走上分手一途。這時候若你想談復合，就要有辦法解決外力，再去談，而不是用天真的神情對著情人說道：「寶貝，我相信真愛可以克服一切的。」因為真愛本身不能克服一切，能夠克服一切的是真愛而衍生出來的「行動」。

所以，針對眼前的困境，你必須要提出具體、可解決的方法，讓對方知道你接續這段感情的誠心。如果是因為父母反對，可參考前面提過的方法；若因為遠距離而分手，則要想辦法訂定出一個分隔兩地的具體期限與維繫感情的實際做法；若是因為彼此人生規劃的不同而分手，就要看彼此願意為對方做出多少調整，重要的是，你的行動一定要具體可行，這樣去談復合才有意義。

復合其實是一條艱鉅的長路，你要走下去需要耐心和技巧，但就算是具備最好的溝通能力，也不代表可以挽救一份已經破碎的感情。當你有復合的念頭時，我建議是盡人事，聽天命。該做的、能做的都已做過，得失心不要放太重，剩下的就交給老天吧。

人生勝組

幸福教戰

如果你被要求復合

有的時候過去的前男友會在你沒有意料到的時候出現，向你表明自己想要再愛一次的意願。遇到這種狀況，你要注意以下事項。

把對方當新追求者

沒錯，你和前男友之間可能有很多讓你魂牽夢縈的回憶，但是既然彼此已經分開一段時間，你必須要認知到，你愛的那個人可能已經不是原來的模樣了，請用觀察一個新追求者的角度觀察他，勿過度沉溺在舊回憶。

回想當初分開的原因

回想當初分開的原因並不是讓你算總帳，而是讓你觀察阻礙彼此感情發展的因素是否已經消失，如果分開的原因未消失，復合只是另一場悲劇的開始。

拋去過往恩仇

破鏡重圓其實並不是一件容易的事情，因為鏡子上面的裂痕不是這麼容易撫平，如果你再度接受對方的原因是為了報復、不認輸，請你要調整自己的心態，做到對過去的傷痛不再介意的程度，若你的心還在滴血，對對方不是很信任，不建議復合。

其實你一點都不了解我

很多人談戀愛談到最後都有一種感覺，覺得對方好像不是很了解自己，雙方的距離越來越遠，惠心就有這種感覺。

惠心和男友已經交往近兩年，惠心在學校是個文藝少女，出社會之後也在文藝圈當中工作，因為對文學和藝術的喜好，惠心常常看展覽、聽音樂會，但是當她回頭看看自己的男朋友，心裡不禁一陣失望。

大誠是她念大學時的學長，苦追自己很久，惠心看他很有誠意，所以答應交往，兩年下來惠心一直希望大誠多多接觸一些藝文活動，這樣彼此比較有共同話題，但是大誠對那些活動雖然絲毫沒有排拒的表示，但是看完活動之後，也不見得增長多少見識，問他有什麼心得感想，他也是結結巴巴。

越和大誠相處，惠心越覺得大誠不瞭解自己，朋友和同事都可以和她聊聊文學藝術，就只有大誠不行，兩人只能聊些生活瑣碎、很表面的事物，於是惠心對這段感情的熱情漸漸消失。

「我很了解你」，只是一種幻想

相信很多人都有這種困擾。有的時候你會覺得自己和情人是兩個世界的人，覺得他好像總是不能貼近自己的心靈，連一個普通的同事、朋友都比情人了解自己。甚至有的人就會在發現一個更能和自己「心靈相通」的人後，興起換一個交往對象的念頭。

其實要求情人能夠完全的了解你己本來就是一種奢求，當你有這種困擾的時候，不妨反問自己是不是也能夠百分之百地了解情人，我相信其實你也做不到百分之百的了解，就算你覺得你已經了解對方的全部，但這可能是你一廂情願的幻想。

美國心理學家愛德華．桑戴克認為，人們對人的認知和判斷往往只從局部出發，擴散而得出整體印象，所以以偏概全可以說是人類的通病，這就是所謂的「月暈效應」。如果你已經主觀地認為情人是溫柔的、善良的，那他在你心目中就會以溫柔、善良的形象被定義，就算做出不符合原先認知的事情，你也會試圖為其開解，覺得真實的他不是這樣的。

況且，人都會把自己對理想對象的期望投射在情人身上，這是一種自然反應，如果沒有這種反應，將無法產生戀愛的感覺。或許你偶然看到情人摸摸路邊流浪狗的頭，就覺得他一定很有愛心，是那種會捐錢給公益團體並且愛小孩的人，但其實對方只是一時興起逗逗那隻狗，平常根本連在捷運讓位給老人家坐都不會。同樣的，你對他會有投射，他對你也會有投射，或許對方平常最愛喜愛文藝的氣質美女，所以在圖書館裡面傳紙條和你搭訕做朋友，事實上你根本是為了考試才到圖書館臨時抱佛腳，平常不看書，頂多看看時裝雜誌。

由此可知，你心目中的「了解」，可能是侷限式、片段式的了解。

為對方設想，才是真正的理解

當我們產生對方老是不了解自己的感覺時，應該怎麼辨呢？其實想要有相互理解的感受，不在於你們是否是同類，而是你們是否「同頻」。就算一個人可以和你聊尼采、叔本華、張愛玲，聊到天昏地暗也不覺時間飛逝，如果他不能在你需要時，設身處地去理解你、包容你，那麼這段感情也很難有好結果。

所以，與其要求情人去了解你的興趣，不如主動讓他了解你對事物的真實想法和感受。

人都渴望被了解，期待那種「心有靈犀」的感覺。有的時候你會羨慕別對情侶是如此的有默契，但這「默契」很可能是無數次的爭辯與懇談換來的平衡點。每個人都希望能不經過辛苦的磨合過程就了解自己的另一半，問題是這有可能嗎？與其坐著抱怨，不如開口好好聊聊吧！

增加互相了解的秘訣

由此可知，每個人認知的情人，其實和情人真正的人格是有一定的差距，再加上在心愛的人面前，人多多少少會美化自己，就是因為這樣，情侶之間的了解有時候是很侷限且很粗淺的，尤其是相識不久的情侶，會突然覺得自己好像根本不認識對方，或對方認識的不是真正的自己。那麼，要如何改善這種狀況？

1. 將二人的交友圈融合

人都會和自己臭味相投、性情相似的人做朋友，所以情侶間想增加對彼此的了解，就要投入對方的交友圈，認識情人的朋友。對情人的朋友，你就比較不會有投射作用，因為你對他們沒有戀愛的感覺，因此可以很客觀地觀察他們這一群人的性格與處事態度為何，進而回過頭來觀察情人，如此一來就可以增加你對情人的了解。

2. 觀察對方的原生家庭

原生家庭對一個人的影響很大，因為父母親的身教言教會影響每個人的人格。

但是這樣說並不代表原生家庭出問題的孩子就一定是個問題人物，相反的很多人因為看到父母之間的問題，反而會盡量避免相同的問題出現。

之所以要觀察對方的原生家庭，是要為對方的舉止與情緒理出一個脈絡。比如說你的情人很沒有安全感，常常打電話查勤，讓你有點困擾。後來你到他家觀察過後，發現他的母親也是一個沒有安全感的太太，對丈夫抱持懷疑的態度，而你的情人就是受到母親的影響，無法信任別人（若情人受到的是父親的影響，覺得母親這種行為對感情毫無益處，就不會有相同的行為模式）。如果你能體諒這背後的原因，就能學會包容，並慢慢增加的他的安全感，讓他從父母對他的影響中走出來。

3.用直接溝通取代「想當然爾」的想法

你常常有這種自信，覺得只要情人一皺眉頭，自己就可以知道他在想什麼，其實這是很無稽的想法，你可能會錯誤理解情人的舉動。比如說你以為情人很喜歡吃街邊小吃，但其實情人只是貼心地想為你省點錢，所以說對餐廳的菜都沒有興趣；你以為情人喜歡戶外活動，其實情人只是看你好像很喜歡出去走走，所以都配合你，他比較喜歡去看電影。所以無論你們認識多久，都不要有這種自以為是的猜測，開口問情人真實的想法、一起討論所有的問題，這不只是尊重情人的表現，也是增加彼此了解最快的方法。

4. 觀察情人對陌生人的態度

情侶出門約會，總是會到一些公眾場合，不可能每次都是兩個人關在房裡，這個時候就是了解對方的最好時機。有些人對男女朋友極盡呵護，表現出很尊重對方的樣子，但是對餐廳的服務生、路上不小心撞到自己的路人、開車時車速比較慢的車主就失去耐性，這時你就可以知道對方其實沒什麼耐心，不是你表面見到很溫和的樣子。

但是發現情人的缺點並不代表就一定要在心中替對方打個大叉叉，拒絕往來，而是要摸清楚對方的個性，繞開對方的地雷，例如發現對方是個沒耐心的人，出門約會時盡量不要拖太多的時間，拖到時間也先明確的告訴對方還需要多久；知道對方開車時遇到車速慢的車主會情緒焦躁緊繃，在車上時就多講些生活中的趣事，讓他放鬆心情。

如果你像個嚴格的評分員，一發現對方的缺點，就放棄一段感情，你會發現到後來根本沒有合適你的對象，因為世界上並不存在完美無缺的人。了解對方是為了讓這段感情的運作更加順利，而不是毀壞一段感情。所以，除非是很致命性的缺點，例如：暴力傾向、用情不專等，要不然還是珍惜彼此之間的情誼吧！

總之，「了解」絕對不是單方面的事，也不是坐在沙發上什麼都不做，等待別人來了解你，與其抱怨情人不了解你，不如站起身做些事，讓彼此之間的了解更增進吧！

人生勝組

幸福教戰

經營感情的三大要素

「了解彼此」對經營感情來說是很重要沒錯，但除了彼此了解之外，一段健康的感情還有另外三個不可或缺的要素。

包容

有些人雖然了解對方的個性，但是因為不知道包容的重要，所以還是常常和情人爭吵，甚至老是想著要情人因他改變。其實只要你不滿意的地方是無關緊要的小毛病，我建議就採取包容的態度，如此才能避免爭執。

堅持

戀愛當中不可能只有甜蜜的點點滴滴，沒錯，吵架是很煩人，溝通要花力氣，有時會讓人有乾脆直接換情人的想法。但是天底下沒有不經磨合就可相處的兩人，有耐心地持續調整雙方的腳步，才是感情長久與否的關鍵。

專一

只要兩人當中有一人的心還游移不定，還存有觀望的心態，這份感情就會岌岌可危。不要以為多多比較是分散風險，有時候太多的選擇反而讓你眼花撩亂，不能專心認識自己的真命天子喔。

該許下的承諾呢？

求得一段穩定的感情是很多女孩的夢想，小雅也不例外。小雅和志強從學生時代起開始交往，兩人都已經到了適婚年齡。前幾年志強才剛退伍，還沒有在職場上找到自己的方向，現在志強和小雅的工作已經漸漸穩定下來，或許是基於女人尋求安定的本性吧！小雅開始期待志強可以做一些表示，不一定是要結婚，但至少應對彼此之間的未來有點規劃。

然而志強遲遲沒有表示，還是一如往常，假日二人就一起出去玩樂吃喝，小雅的媽媽已經多次明示女兒要為自己打算，弄清楚身邊的情人到底有沒有意願和她過一輩子，如果沒有，現在就是該讓一切結束的時候。

小雅嘴裡雖然說信任自己和男朋友從學生時期就培養出來的情誼，但她並不是那種可以輕鬆玩愛情遊戲的人，面對看起來似乎毫無打算的志強，小雅想問清楚一切，但又害怕聽到的不是自己想聽的答案。

給不給得起承諾，看他的感情成熟度

相信不少從學生時代就開始交往，愛情長跑多年的男女都會遇到這種問題。在學生時期，因為兩人有比較多共通的話題、個性特質，或者單純就是有緣才會走在一起，但畢業後，因為彼此際遇、運氣和經歷的不同，兩人的心智和視野開始拉開差距。由於社會對女性施加的壓力，所以女性通常是較先想到規劃未來的一方，但有的男性不會想到這麼多，覺得只要兩個人開開心心地在一起，就算過一天算一天也無妨。如果不是旁人提醒，他也不會主動想到未來的事情。有的男人則覺得現在的生活就很享受，還想再多當幾年無憂無慮的貴族，因此根本排斥計畫未來，讓渴望承諾的另一半感到失望。

其實不只是從學生時期開始交往的情侶會遇到這種問題，許多三十好幾的男人也會覺得自己還年輕，還不想負擔責任，或是想在花叢間多走走看看，於是不願意許諾，所以女性也不要以為找到年紀稍長的伴侶就是「穩定」的保證。一個人愛情的成熟度和年紀並無相關，而是和他人格特質、感情經歷有關。

但是所謂的「承諾」其實是一張還沒有兌現的支票，如果你要來的承諾只是一堆天花亂墜的空洞情話，例如「我總有一天會娶你」、「等我存夠了錢就結婚」，但是實際上他卻沒有付諸行動，這種承諾不如沒有。

那麼，該如何判斷一個人的感情成熟度呢？一個成熟的人，至少個性要穩定的，不會常常說氣話或行事衝動，他的包容性和同理心也比較強，因為見多識廣，心胸也比較寬廣，不會出現動不動就大吃飛醋或瘋狂查勤的行為。如果你的情人是這種人，恭喜你，他是成熟度比較高的人，給出的承諾也比較可靠。

無法許下承諾的原因

當你心中對「承諾」這件事情有所期待的時候，請你拿出勇氣，不要像鴕鳥一樣，把頭埋在沙裡，自己擅自對另一半的行為做出解讀，也不必總是藉著和姊妹淘或是哥們開會，來探知實情。畢竟每對情侶的組合型態都不同，沒有人有權利代替你的另一半發言（包括你自己）。一般來說，另一半不願意許下承諾的原因如下：

1. 他還沒有這麼喜歡你

你和他或許認識才一年，你就已經覺得愛他愛到死去活來，非君莫嫁，這輩子除了他再也無法愛上別人（這種激情的成分很高，明顯缺乏理性思考，後悔機會也高），但是對方可能覺得彼此之間相處起來雖然很快樂，但仍是初相識，沒有到規劃未來或是想給你承諾的地步。如果你和對方坦白聊過之後，發現對方是處於這種狀況，但是你還是很愛對方的話，可能要漸漸放慢亟欲看到結果的腳步。

兩人之間的戀愛關係，就像一場兩人三腳的比賽。如果你的夥伴本來就走得不快，但你又硬逼著他往終點線衝，只會因步伐不一致而造成爭執和傷害，使感情不進反退。或許你會覺得有點失望、傷心，為什麼自己不值得一個承諾，但是我要很誠實的告訴你，有些事情是強求不來的。

你應該尊重每個人在感情中的個人意志，感情也不是用強迫要脅就能順心遂意。你絕對有權利放任自己情緒，但就必須在得知「你在我心裡其實還沒有那麼重要」的答案前做好心理準備。

比較聰明的做法是，柔性地和另一半傾訴你對他的感情，千萬不要以責備的口吻和對方針鋒相對，如果對方一時之間還是無法給你想要的答案，你就給他一個期限，誠懇地告訴他：「我的青春有限，希望你早做規劃。」如果對方有誠心要繼續這一段感情，就會有一些善意的回應。

2.不確定是否適合和你共組家庭

愛一個人和娶一個人是不一樣的。談到嫁娶，有時牽涉到雙方父母的觀感、雙方家世背景、經濟能力，光是靠「愛」就要走到婚姻是很薄弱的。如果遇到這種狀況的話，建議你直接問清楚對方不能承諾的關鍵點在哪。若只是因為經濟與社會地位這些可以變動的東西，只要多加努力即可，若是家世背景這種無法變動的東西，你也可以早作打算，看是要分手或繼續走下去。

3.他還沒有準備好

他不能給予承諾是因為欠缺自信。現今社會的生活壓力很大，要負擔起另一個人的未來真沒有想像中的簡單，或許你只是很單純的想聽聽他的規劃，要個承諾而已，但是他已經想到以他的能力來說沒有能力實踐，所以才保持沉默。

遇到沒自信的情人，你要好好鼓勵他，如果他已經有在努力爭取穩定的生活，就大力地肯定他的努力，讓他有承諾的勇氣。他需要的是你的關懷和支持，千萬不要在他面前不斷提起「○○的男友一個月賺 x 萬」這種比較性的語彙，激將法是給有自信的人用的，不是給自卑的人用的，你這樣貶低他，他只會覺得你說的真對，或許自己一輩子只能這個樣子。

溫柔的陪伴在他身邊，同時也加強自己的能力，不要把兩個人的未來全部壓在他的肩上。這不但可以培養共患難的感情，他也可以明白你的貼心。其實承諾只是一句話，不管有沒有承諾，情人的行為永遠比他嘴裡說的是什麼話還重要百倍，擦亮自己的眼睛仔細觀察，你就會發現對方到底有沒有心，只要你有勇氣撥開迷霧，搞不好你們的感情又進了一步。

4. 不想擔負婚姻的責任

一段婚姻裡要負擔的責任和犧牲的自由很大，尤其有了小孩後需要改變的地方更多，你們不可能過著無拘無束，高興去哪玩就去哪的日子。或許你都已經設想到了，但是對方不一定已經做好心理準備。

建議你使用「溫水煮青蛙」法，漸漸的帶對方進入自己家庭，並參加有朋友的家庭聚會（當然，要選擇家庭幸福美滿的朋友），言詞之中多多形容結婚的好處，久了之後對方自然會覺得「時候到了」。

如果是抱持認真的態度，許下承諾真不是一件簡單的事情，除非你要的承諾只是廉價的大餅。所以情人太早許下承諾也不是一件好事，因為嘴巴隨便說說又不費力氣，有沒有未來要看的是行動而不是「承諾」。在你抱怨之前，先留意他的行動，搞不好他已經為了你努力賺錢、努力在他父母面前營造你的良好形象，這些行動比承諾都可靠多囉。

人生勝組
幸福教戰

為何我遇到的人都不願許下承諾？

無法談一段穩定的感情的確是讓人滿失望的事情，若你總是遇不到「對的人」，你可從以下三個地方檢視自己。

你自己準備好了嗎？

當然，渴望承諾的你一定會說已經準備好了，但是如果你的外在表現是讓人捉摸不定、不夠誠懇的，當然沒有人會願意對你推心置腹、給予承諾。

檢視自己選擇對象的標準

你是不是老是愛上漂泊的浪子，然後期望以自己的魅力感化對方，希望自己成為對方最後一個女人？浪子不是不可能回頭，只是當你決心愛上浪子，「承諾」這件事最好不要太苛求。如果想要穩定，請選擇個性、生活都不常變動的對象。

交往時間偏短

有的人比較敏感，一點點的不如意就讓他放棄一段感情，雖然沒有人說死撐下去的感情結局就會比較好，但如果你和歷任情人的交往時間都不會超過一年，也難怪對方不願承諾了。

後記／做自己的愛情後衛，進可攻，退可守。

愛情裡的進退拿捏像是一場賭注，賭得是自己的青春和真心。所以才會有這麼多人苦惱該不該繼續現下的這一段感情。其實，不管你願意改造眼前的NG情人，還是決定放棄這段感情，都沒有人可以神準地預測結果是好或是壞——我們可以掌握正確的溝通技巧和觀念，但結果永遠沒有人可以預期。

或許情人將變得更令你滿意，或許他還是無法成為你心目中的A咖，然而付出過努力，總好過什麼都不做就輕易放棄一段感情。既然你決定下場玩這場遊戲，就不要把自己變成整天哀哀怨怨的苦瓜，與其對情人抱持不切實際的期待，不如快快樂樂地改善你有能力控制的一切。

至於情人會有什麼反應？這段感情有何下場？就交由緣分決定。

人生中還有很多亮麗的風景等著你去瀏覽，這段感情若能繼續當然很好，若是不行，也別因此失去自己，好好地享受在你能力範圍之內可以得到的小小幸福吧。

國家圖書館出版品預行編目資料

爛情人也會變A咖：看破情人手腳，對付愛到卡慘死的20種惡魔系戀人調教術！/ 莊媛婷 著. -- 初版. -- 新北市：啟思出版, 2015.08　面；　公分

ISBN 978-986-271-570-3（平裝）

1.戀愛　2.兩性關係

544.37　103024163

爛情人也會變A咖
A Good Woman,
A Better Man.

爛情人也會變A咖

出 版 者 ◤ 啟思出版
作　　者 ◤ 莊媛婷
品質總監 ◤ 王寶玲
總 編 輯 ◤ 歐綾纖
文字編輯 ◤ 孫琬鈞
美術設計 ◤ 蔡億盈

本書採減碳印製流程並使用優質中性紙（Acid & Alkali Free）最符環保需求。

郵撥帳號 ◤50017206 采舍國際有限公司（郵撥購買，請另付一成郵資）
台灣出版中心 ◤ 新北市中和區中山路2段366巷10號10樓
電　　話 ◤（02）2248-7896　　　傳　　真 ◤（02）2248-7758
I S B N ◤ 978-986-271-570-3
出版日期 ◤ 2015年8月

全球華文市場總代理 ◤ 采舍國際
地　　址 ◤ 新北市中和區中山路2段366巷10號3樓
電　　話 ◤（02）8245-8786　　　傳　　真 ◤（02）8245-8718

全系列書系特約展示
新絲路網路書店
地　　址 ◤ 新北市中和區中山路2段366巷10號10樓
電　　話 ◤（02）8245-9896
網　　址 ◤www.silkbook.com

線上 pbook&ebook 總代理 ◤ 全球華文聯合出版平台
地　　址 ◤ 新北市中和區中山路2段366巷10號10樓
主題討論區 ◤www.silkbook.com/bookclub　● 新絲路讀書會
紙本書平台 ◤www.book4u.com.tw　● 華文網網路書店
電子書下載 ◤www.book4u.com.tw　● 電子書中心（Acrobat Reader）

本書係透過華文聯合出版平台自資出版印行。

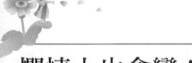